Kathrin Stefan (Hg.)

Trude-Oma kocht, backt & redet wie ihr der Schnabel gewachsen ist

stv

Kathrin Stefan (Hg.)

Trude-Oma kocht, backt & redet

wie ihr der Schnabel gewachsen ist

Leopold Stocker Verlag
Graz – Stuttgart

Rezeptbilder (wenn nicht anders angegeben): Anna Höller
Foto für die Titelseite und erstes Foto Umschlag-Rückseite: © Gerhard Lenk

Die alten Fotos wurden von Gertrude Lechner zur Verfügung gestellt.
Alle anderen Fotos stammen, wenn nicht anders vermerkt, von Kathrin Stefan.

Bibliografische Information der Deutschen Nationalbibliothek
Die Deutsche Nationalbibliothek verzeichnet diese Publikation in der Deutschen Nationalbibliographie; detaillierte bibliographische Daten sind im Internet über http://dnb.d-nb.de abrufbar.

Hinweis:
Dieses Buch wurde auf chlorfrei gebleichtem Papier gedruckt. Die zum Schutz vor Verschmutzung verwendete Einschweißfolie ist aus Polyethylen chlor- und schwefelfrei hergestellt. Diese umweltfreundliche Folie verhält sich grundwasserneutral, ist voll recyclingfähig und verbrennt in Müllverbrennungsanlagen völlig ungiftig.

Auf Wunsch senden wir Ihnen gerne kostenlos unser Verlagsverzeichnis zu:
Leopold Stocker Verlag GmbH
Hofgasse 5
Postfach 438
A-8011 Graz
Tel.: +43 (0)316/82 16 36
Fax: +43 (0)316/83 56 12
E-Mail: stocker-verlag@stocker-verlag.com
www.stocker-verlag.com

ISBN 978-3-7020-2082-8

Umschlaggestaltung, Layout und Repro
Werbeagentur Rypka GmbH, 8143 Dobl/Graz, www.rypka.at

INHALT

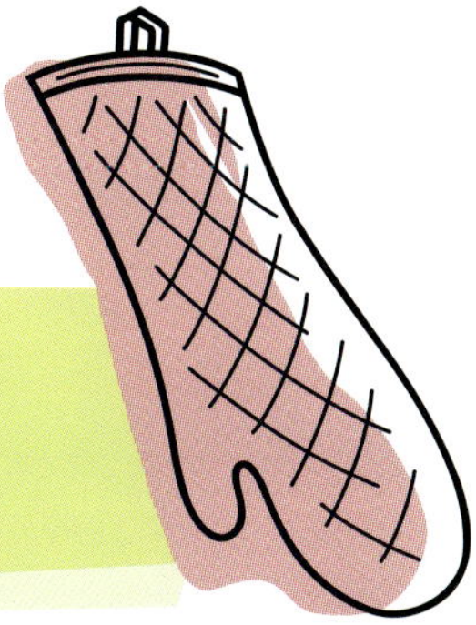

VORWORT **7**

UNSERE TRUDE-OMA **8**

TRUDE-OMAS LIEBLINGSSPRÜCHE UND LIEBLINGSREZEPTE **22**

Brotsuppe mit Gemüse 24
Deftige Leberknödelsuppe 27
Trude-Omas Stosuppe 28
Rindsgulasch 31
Fleischknödel 32
Eiernockerln 35
Wiener Schnitzel oder „Kremser-Schnitzel“ 36
Trude-Omas Rindsschnitzel 38
Trude-Omas Schinkenfleckerln 41
Trude-Omas Schweinsbraten 42
Semmelknödel 45
Sauerkraut als Beilage 46
Trude-Omas Nudelsalat mit Mayonnaise 46
Mischbrot 49
Thunfischaufstrich 49
Eiersalat 50
Liptauer-Aufstrich 50
Apfelstrudel mit Mürbteig 53
Mohnnudeln 54
Kaiserschmarren 57
Apfelmus 58
Feine Vanillesauce 58
Buchteln mit Powidlfülle 61
Grießschmarren 62
Marmeladepalatschinken 65
Topfenpalatschinken 65
Ribiselsaft kalt gepresst 66
Marillenmarmelade 69
Gebackene Mäuse 69
Vanilleschnitten mit Haselnusscreme 70
Topfenteigecken mit Marmelade 73
Rumschnitten 74
Ruck-Zuck-Kranzkuchen mit Punschglasur 77
Salzburger Nocken 78
Kokosschnitten mit Schokoladenglasur 81
Nusskipferln 82
Schaumrollen 85
Trude-Omas-Vanillepudding mit Fruchtmus 86
Joghurt-Apfelkuchen 89
Nuss-Rehrücken 90
Ruck-Zuck-Kokostorte mit Schokoladenglasur 93
Joghurt-Bechergugelhupf 94
Topfen-Himbeerknödel 97
Selbst gemachter Eierlikör 98
Eierlikör-Schoko-Gugelhupf 98
Lebkuchen 101
Kletzenbrot 102

Trude-Oma mit ihrer Enkelin Kathrin Stefan – sie ist die Initiatorin von Trude-Omas TikTok-Karriere und Herausgeberin dieses Kochbuchs.

Foto © Gerhard Lenk

Vorwort

Es gibt wohl nur wenige Omas, die so bekannt sind wie meine Trude-Oma. Und das nicht nur in unserer großen Familie. Landauf, landab und vor allem im Internet wird über sie geredet. Die meisten Fans hat sie auf Tiktok, wo sie inzwischen über 100.000 Follower hat. Für das Hochladen der kurzen Alltagsvideos bin ich zuständig, alles andere ist hundert Prozent Trude-Oma.

Manchmal stelle ich ihr kurze Fragen, manchmal treffe ich sie beim Kochen oder einer anderen Hausarbeit an und manchmal konfrontiere ich sie auch mit „neumodischem Zeugs", über das sie sich immer gerne aufregt. Besonders ihre ungefilterten Schimpftiraden über solchen „Bledsinn" kommen online gut an – kein Wunder, denn diese waren auch der Grund, warum wir Trude-Omas TikTok-Karriere überhaupt gestartet haben.

Auf unseren Familienfeiern ist sie oft der Mittelpunkt der Unterhaltung mit ihrer kompromisslosen Ehrlichkeit. Eines Tages hatte dann meine Tochter Amelie (Trude-Omas Urenkelin) die Idee, ein Video von der Uroma zu machen und dieses auf TikTok hochzuladen. Schon das erste Video war ein Riesenerfolg. Und so begann die späte, aber steile Karriere unserer 92 Jahre alten Trude-Oma. So oft ich kann, besuche ich sie nun und halte das Handy griffbereit zum Filmen, wobei die Oma nicht immer erfreut über meine „Blödheiten mit dem Ding" ist. Das hält sie aber nicht davon ab, ihren Senf auf jede Frage und zu jedem Thema dazuzugeben.

Auch wenn sie nicht ganz verstehen kann, warum sich so viele Leute für ein „so altes Weib" interessieren, macht es mir eine Riesenfreude, die Weisheiten meiner Trude-Oma mit der Welt zu teilen.

Und die sind manchmal so einfach, dass sie nur wahr sein können, wie zum Beispiel:

„ES WIRD SCHON WÅS, NIX IS EH SCHON."

Da das Backen und Kochen zu den Lieblingsbeschäftigungen unserer Oma zählen (sehr zur Freude der immer hungrigen Familienmitglieder), gibt es bereits unzählige Videos von ihr in der Küche. Die TikTok-Fans äußerten immer wieder den Wunsch, dass wir Omas einfache und bodenständige Rezepte veröffentlichen, weshalb es nun zu diesem Kochbuch gekommen ist.

Auf den folgenden Seiten erwarten euch Trude-Omas Lieblingsrezepte, die sie seit Jahrzehnten zubereitet. Klassische Rezepte, viele altbürgerliche Mehlspeisen, von denen einige noch von Trude-Omas eigener Mutter stammen, aber auch neuere Rezepte laden auch Küchenneulinge zum Kochen und Backen ein, denn, wie die Oma so treffend sagt:

„A BLECH HÅT A JEDER!"

Und wenn nicht, dann leiht sie einem auch gerne eines, solange man es ihr wieder zurückbringt.

Unsere TRUDE-OMA

Mit 92 Jahren hat meine Oma ein bewegtes und ereignisreiches, vor allem aber arbeitsreiches Leben hinter sich. Man kann sich das heute fast nicht mehr vorstellen, wie viel die Leute damals gearbeitet haben. Ich habe unsere Trude-Oma zu ihrem Leben befragt und dabei allerhand Interessantes über sie erfahren.

„ES IS SCHO SCHE, DASS SE SO VÜ LEIT FÜR MEI LEBN INTERESSIEREN."

KINDHEIT UND JUGEND

Die Oma ist als Gertrude Siebenhandel am 31.08.1931 in Maria Langegg im Bezirk Krems (NÖ) auf die Welt gekommen. Noch am selben Tag ist sie getauft worden, das war damals so üblich. Ihre Eltern Maria und Franz Siebenhandel hatten noch sechs weitere Kinder. Als Kind einer Großfamilie wuchs Trude mit ihren Geschwistern Franz, Angela, Elfriede, Adolf, Maria und Christine in einfachen Verhältnissen auf. Ihr Vater war bei der Bahn und später Waldarbeiter und ihre Mutter war bei den „Hauern" (so werden die Weinbauern in unserer Gegend genannt). Sowohl der Vater als auch der älteste Bruder Franz mussten in den Krieg einrücken, und einige ihrer furchtbaren Erzählungen aus dieser Zeit sitzen der Trude-Oma heute noch in den Knochen. Über ihre Erfahrungen und Erinnerungen aus der Kindheit im und nach dem Zweiten Weltkrieg sagt sie:

„ES WOA OIS SO TRAURIG, DES WOA WIRKLICH TRAURIG!"

Die Schulzeit war früher auch viel beschwerlicher als heute. Schulbus hat es natürlich noch keinen gegeben. Zwei Jahre lang ging sie nach Maria Langegg zur Schule, wobei sie jeden Tag von ihrem Schulfreund, dem „Simoner Toni", abgeholt wurde. 1938 zog die Familie nach Spitz, das war der Geburtsort ihres Vaters. Dort gab es dann jeden Tag einen Löffel Lebertran in der Schule und statt einem Gebet einen Hitlergruß, denn der Religionsunterricht war zu dieser Zeit bereits Tabu.

Unsere Trude-Oma hatte auch viele deutsche Kinder als Schulkameraden, weil die Hotels voller deutscher Flüchtlinge waren, deren Städte bombardiert worden waren.

„DES SCHUI GEH WOA AH DANN SCHO SO SCHWA IM 45ER JOA, DO SAMMA NUR MEHR IM LUFTSCHUTZKELLER GHUCKT."

Trude-Oma mit ihrem Bruder (1938)

Trude-Oma (hinten in der Mitte) mit ihren Geschwistern (1943)

Deutsche Kinder, deren Zuhause zerbomt worden war, untergebracht im Gasthaus Lechner (1944)

In dieser schweren Zeit musste die ganze Familie zusammenhalten und mitanpacken, Trude und ihre Schwester Angela mussten etwa gemeinsam Holz hacken, „dabei homma immer so vü gstrittn mitanond". Und manchmal konnte Trude gar nicht zur Schule gehen, weil sie, während ihre Mutter bei den Hauern war, daheim die Arbeit erledigen musste. Es war ein Aufwachsen in Angst. Nicht nur wegen des Krieges – einmal brannte aufgrund großer Trockenheit halb Spitz ab, und Trude war allein mit ihren Geschwistern zu Hause. Sie ging mit ihnen dann zur Tante, da viele Soldaten in die Stadt kamen, um das Feuer zu löschen.

„DO IS ZUAGONGA!!"

sagt sie heute über diese Zeit, die wir uns gar nicht mehr vorstellen können.

Als die Russen in Spitz einmarschierten, zog Trude-Omas Familie kurzzeitig zurück zur Großmutter nach Maria Langegg, bis der Vater 1945 vom Krieg heimkehrte und sie wieder nach Spitz gingen. Sie hatten in Spitz eine Kuh und einen Hund, die Tiere wurden aber von den Russen erschossen.

„MIT DEM BISSL GWAND, WOS MA GHOBT HOBN, HOMMA SOFORT DES HAUS VERLOSSN."

Später arbeitete Trude im Kloster in Langegg, wo sie Geschirr und Wäsche wusch, Heu machte und die 30 Kühe versorgte. Außerdem war sie dafür zuständig, die vier Pfarrer und sechs Laienbrüder zu verpflegen – damals war einfache und sättigende Kost gefragt, was sich noch heute in ihren Kochkünsten zeigt.

Mit 16 Jahren begann Trude in St. Pölten eine Friseurlehre. Während dieser Zeit wohnte sie bei ihrer Cousine und deren Mann. Weil sie so Heimweh hatte, ging sie oft in die Kirche. Nach einem Jahr brach sie die Lehre ab – obwohl sie sehr begabt war – und ging zurück nach Maria Langegg, da die Friseur-Arbeit sie nie ganz glücklich machte.

IN DER GASTRONOMIE

Stattdessen wandte sie sich der Gastronomie zu, die sie noch sehr lange begleiten sollte – auf ihre vielen Jahre im Wirtshaus und Hotel blickt die Trude-Oma auch heute noch gern zurück.

„A GAUDE WORS ALLWEIL!"

Die Anfänge ihrer Gastronomiekarriere machte sie im heute nicht mehr existierenden Hotel zur Rose in Maria Langegg, wo sie zwei Saisonen lang arbeitete. Das tat sie zusammen mit ihrer Freundin Hansi Paschwöll aus Aggsbach. Bis heute halten die beiden miteinander Kontakt.

„DE WOA MEI LIEBSTE FREUNDIN."

TRUDE-OMA UND IHR FRITZ

Mit 17 Jahren lernte unsere Oma im Hotel unseren Opa Fritz Lechner kennen. Sie verliebte sich Hals über Kopf in ihn und fuhr sogar mit einigen Freundinnen zum Wallfahrtsort Maria Schutz am Semmering, um dafür zu beten, dass sie mit ihm zusammenkommen würde. Die Gebete wurden erhört, und die beiden wurden ein Paar, was nicht allen passte, vor allem ihrer Schwiegermutter nicht. Sie verbot Fritz sogar, bei der Geburt des ersten Kindes der beiden dabei zu sein.

Schon damals war unsere Trude-Oma so „gschaftig" (fleißig, unermüdlich) wie heute, und so arbeitete sie bis knapp vor der Geburt im Hotel. Mit 19 Jahren brachte sie 1950 ihre erste Tochter Judith zur Welt. Als es so weit war,

„DO HOT DE HEBAMM BEI DREI METER SCHNEE MITN RADL KUMMA MIASSN."

Danach zog sie zu Fritz nach Aggsbach und arbeitete sich in seinem Wirtshaus ein, das er von seinen Eltern übernommen hatte.

Trude-Oma (hinten rechts) mit ihren damaligen Kollegen und dem Chef vom Gasthaus Weber (um 1948)

Trude-Oma (rechts) mit ihren Kolleginnen und Herrn Weber

Trude-Oma (links) mit ihrer besten Freundin Hansi Paschwöll (1953)

Postkarte „Lechners Gasthaus mit Karthause, Aggsbach Dorf, N.-Oe." (1960)

Trude-Omas Ehemann (im Vordergrund) beim Mistaufladen (1956)

Trude-Oma in jungen Jahren (1954)

Friedrich und seine Familie vor dem Gasthaus (1948)

Fritz Lechner (Ehemann von Trude-Oma) mit Sohn Fritz vor dem Gasthaus (1957)

Trude-Oma mit Sohn Fritz

Trude-Oma mit Tochter Susanne

Trude-Oma mit Tochter Hermine

DIE FRAU WIRTIN

Seit jeher an viel Arbeit gewöhnt, half Trude in der Küche des Wirtshauses, machte die Zimmer und versorgte die Tiere (Kühe, Schweine, Enten, Gänse). 1956 kam ihr Sohn Fritz zur Welt, der bei der Geburt 5 kg wog und 57 cm groß war –

„DES WOA A RIEGL."

Zwei Jahre später kam dann Tochter Susanne, die, wäre es nach der Schwiegermutter gegangen, eigentlich nach ihr (Hermine) benannt werden sollte. Das taten Trude und Fritz aber nicht, und so war die Schwiegermutter beleidigt, bis sie zwei Jahre später das vierte Kind doch noch „Hermine" tauften.

1960 kam also Hermine zur Welt, und erst kurz davor, 1959, heirateten Trude und Fritz. Obwohl sie mit großem Babybauch am Altar stand, empfand unsere Oma ihre Hochzeit als wunderschön, da sie die Liebe ihres Lebens heiraten durfte. Und da die Schwiegermutter inzwischen gemerkt hatte, wie fleißig Trude war, akzeptierte sie sie schließlich auch.

KOCHEN WAR IHRE LEIDENSCHAFT

Eine Karenzzeit, wie sie heute üblich ist, kannte unsere Oma nicht. Nach den Geburten der Kinder gab es nie langes Ausruhen, mit dem Gitterbett in der Küche war Trude schnell wieder bei der Arbeit. Nur über die Sommermonate hatte sie das Kindermädchen Rosie als Hilfe.

So etwas wie Hobbys kannte unsere Oma damals nicht, das Kochen war ihre große Leidenschaft und Hauptbeschäftigung. Doch auch der Rest des Tages war mit Arbeit gefüllt. Sie stand um 5 Uhr in der Früh auf, um die Kühe zu melken, wobei sie für die Katzen immer eine Schüssel frischer Milch übrig hatte. Sobald die Kinder dann groß genug waren, halfen sie nach der Schule im Wirtshaus mit, wickelten Besteck oder deckten die Tische.

Unser Opa Fritz war ein geselliger Wirt, der gern mit den Gästen trank, wobei er auch manchmal ungut werden konnte. Den Familienhund Lassie verspielte er beim Kartenspielen, aber Trude hielt ihn selbst dann noch aus.

„I HOB EAM SO GERN GHOBT, I HOB EAM ALLES VERZIEHEN, DAS IST LIEBE."

STARK UND ERFOLGREICH TROTZ SCHICKSALSSCHLÄGEN

Zwei tragische Schicksalsschläge erfuhr unsere Trude-Oma mit 39 Jahren, als sie im selben Jahr ihren Vater verlor und auch ihr Fritz mit nur 42 Jahren verstarb. Ihre Kinder gingen noch zur Schule, bis auf die älteste Tochter Judith, die in dieser Zeit zu Trudes wichtigster Bezugsperson wurde. Judith half ihr, nach den Todesfällen das Wirtshaus zu erhalten und weiter auszubauen. Gasthaus und Speisesaal wurden erweitert, der Stall weggerissen, ein Hotel in Aggsbach aufgekauft – die Jahre waren arbeits- und ereignisreich. Der Fleiß zahlte sich aus, denn unsere Oma konnte so berühmte Gäste wie den damaligen Landeshauptmann Maurer bewirten, und sogar Falco lobte ihren Kaiserschmarren!

In Aggsbach Dorf hatte die Familie Lechner den ersten Fernseher, und so waren immer viele Besucher da, vor allem wenn die Löwingerbühne lief. Gerne erinnert sich die Trude-Oma auch an die besinnlichen Weihnachten zurück, die sie damals im Familienkreis verbrachten. Es wurden Kleider für die Puppen und Pullover für die Kinder gestrickt, Radio gehört und den ganzen Tag im kleinen Kreis gefeiert.

„DES WOAN WIRKLICH SO SCHENE WEIHNACHTEN. FRÜHER HOT MA NU DE GEMEINSCHAFT GESCHÄTZT UND NET NUR DE GESCHENKE."

AKTIVE SENIORIN & OMA

Das Wirtshaus, das sie ihr Leben lang geführt und aufgebaut hatte, übergab unsere Oma schließlich ihrem Sohn Fritz und wohnte dort noch eine Zeit lang mit ihm und der Schwiegertochter. Sie half auch in der Pension im Wirtshaus weiterhin mit; ihr Leitspruch ist:

Hochzeit (1959)

Trude-Oma mit ihrem Mann, Schwiegermutter, Kindern und Gästen vor dem Gasthaus (1962)

Trude-Oma mit Angestellten und Tochter Hermine (1960)

Müde von der Arbeit (1962)

Ausflug nach Schönbrunn mit Mann und Kindern (Fritz und Susanne, 1960)

„Schweinelieferung" im VW-Bus: Die Kinder freuen sich über die kleinen Ferkel. (1962)

Trude-Oma in Aktion (1964)

Ehemann Fritz im Gasthaus (1962)

Die Wäsche wurde damals noch händisch gewaschen. (1964)

Trude-Oma in der Küche beim Tortenverzieren (1961)

Trude-Oma mit ihrem Mann und Gästen beim Feiern (um 1955)

Begräbnis von Friedrich (1970)

In der Küche mit den Töchtern Susanne (stehend) und Hermine (1971)

Trude-Oma und ihr Mann in der Gaststube mit Gästen (1964)

Umbau des Gasthauses (1976)

Bei der Arbeit in der Gasthausküche (1971)

Ausflug mit Tochter Hermine und Schwiegersohn

Die Jubilarin bei ihrem 90. Geburtstag

Trude-Oma und ihre Töchter in Italien (2019)

Ein Tänzchen in Ehren … mit Urenkerl Henrik

Wenn Enkel und Urenkel zu Besuch kommen, ist die Freude groß!

Fotos obere Reihe: © Gerhard Lenk

Trude-Oma macht ihren köstlichen Apfelstrudel gerne und oft.

Trude-Oma in ihrem Garten, den sie bis heute selbst pflegt.

Foto © Gerhard Lenk

Trude-Oma mit Hund Cookie

Trude-Oma mit Kathrin in Vorfreude auf das 15. Urenkelkind

Trude-Oma mit den Kindern von Kathrin: Nikolas, Henrik und Amelie
(sie hatte die Idee, das erste Video von Trude-Oma zu posten)

> “CHILLN … CHILLN … WASS NET AMÅL, WÅS DES IS! MI HOIT DE ORBEIT JUNG.”

Ihr zweites Erfolgsrezept ist ihr Kräutertee, der sie mindestens ebenso gesund hält wie das Mitanpacken. Mit 70 Jahren baute sie sich ein eigenes kleines Haus in Aggsbach Dorf, in dem sie heute noch wohnt und uns Familienmitglieder mal mehr, mal weniger gastfreundlich empfängt. Je nachdem, ob wir ihr Geschirr und ihre Bleche zurückbringen oder sie gerade filmen wollen. Aber wie sie selbst sagt:

> “ES IS SCHO SCHE, WENN MA SO A GROSSE FAMILIE HOT.”

Und die hat sie mit 4 Kindern, 11 Enkeln und 14 Urenkeln wirklich.

Unsere immer noch rüstige Oma hat nun auch endlich Zeit für Hobbys, allen voran natürlich das Backen und Kochen. Sonntags geht sie in die Kirche, wofür sie vor der Pensionierung selten Zeit gehabt hatte, oder hört die Messe im Radio. Musik mag sie auch, am liebsten Heimatlieder, Schlager, Volkslieder und die Musik aus den 1950ern und 1960ern. Außerdem strickt sie gerne, pflegt ihren Garten und mäht sogar selbst den Rasen. Die Oma beschäftigt sich auch gern mit Religion, Astrologie und Politik, wobei ihr verständlicherweise der Krieg große Angst macht. Und manche Dinge, worüber heute diskutiert wird, kann sie ganz und gar nicht verstehen:

> “AM DONNERSTAG WOLLEN SIE AUFHÖRN ZUM ORBEITN, WIR HABN SONNTAG AUCH ARBEITN MÜSSEN!”

Erst mit 51 Jahren probierte unsere Oma das Konzept „Urlaub“ aus und reiste, obwohl sie nicht schwimmen konnte, nach Teneriffa. Es gefiel ihr gar nicht schlecht, und so besuchte sie mit ihrer Schwester Elli und später auch mit Enkeln und Urenkeln noch viele weitere Länder, wie z. B. Kroatien, Italien, Ägypten, Spanien, Griechenland, die Türkei oder Mallorca.

VON DER SENIORIN ZUM TIKTOK-STAR

Und als wäre Trude-Omas Alltag nicht schon ereignisreich genug, starteten wir vor drei Jahren ihre erfolgreiche TikTok-Karriere. Sie plaudert mit mir und der Kamera – ganz nach ihrem Grundsatz:

> “I SOG HOID, WOS I MA DENK!”

Wobei ich manchmal schon vorsichtig sein muss, was ich online stelle, denn ich musste schon die eine oder andere Rüge einstecken.

> “GIB DES JO NET EINE, KATHRIN, ICH BITTE DICH! … DU GIBST SO VIEL BLÖDHEITEN REIN! TUAST SCHON WIEDER WOS INSZENIEREN!”

Aber genau das lieben ihre Fans an der Trude-Oma – wenn sie wie ein Rohrspatz schimpft! Besonders gut kommt bei den Followern auch immer wieder an, wenn Trude-Oma eines ihrer Backwerke präsentiert. Da wollen viele dann die Rezepte dafür haben. Auf diese Bitten haben wir gehört und das Buch mit Trude-Omas Lieblingsrezepten in Angriff genommen.

Wir wünschen euch viel Freude beim Nachkochen und lasst es euch schmecken!

Gern verreist sie auch mit Enkel- und Urenkelkindern.

Foto ©Gerhard Lenk

Ein TikTok-Film entsteht: Beim Backen ist oft die Kamera dabei.

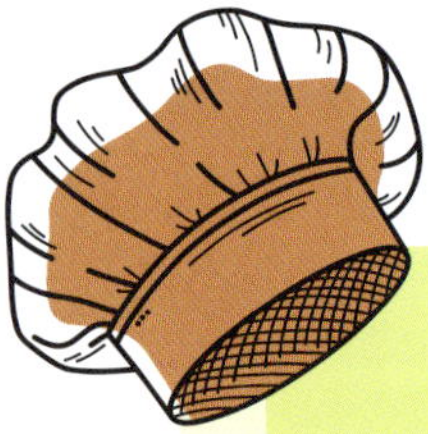

Trude-Omas LIEBLINGSSPRÜCHE & LIEBLINGSREZEPTE

TRUDE-OMA KOCHT UND BACKT ...

Nach dem grob skizzierten „Lebenslauf" meiner Oma folgen ab Seite 24 ihre Lieblingsrezepte: Ihre jahrzehntelange Erfahrung in der Gasthausküche, die Bewirtung der Gäste und die Versorgung ihrer Familie und Mitarbeiter hat sie erkennen lassen, dass die einfachsten und klassischsten Gerichte auch meistens am besten schmecken und bei allen beliebt sind.

... UND REDET, WIE IHR DER SCHNABEL GEWACHSEN IST

Im Buch kommen ja zahlreiche, auch von den Videos her bekannte Zitate, Aussagen und Sprüche meiner Oma vor. Diese möchten wir hier zunächst für all jene, die mit dem niederösterreichischen Dialekt meiner Oma nicht so vertraut sind, „übersetzen".

„ES WIRD SCHON WÅS, NIX IS EH SCHON."

(Es wird schon etwas daraus, nichts ist es ohnehin.)

„A BLECH HÅT A JEDER!"

(Ein Backblech hat jeder!)

„ES IS SCHO SCHE, DASS SE SO VÜ LEIT FÜR MEI LEBEN INTERESSIEREN."

(Es ist schon schön, dass sich so viele Leute für mein Leben interessieren.)

„ES WOA OIS SO TRAURIG, DES WOA WIRKLICH TRAURIG!"

(Es war so traurig, das war wirklich traurig!)

„DES SCHUI GEH WOA AH DANN SCHO SO SCHWA IM 45ER JOA, DO SAMMA NUR MEHR IM LUFTSCHUTZKELLER GHUCKT."

(Der Schulbesuch war dann auch schon so schwer im Jahr 1945, da sind wir nur mehr im Luftschutzkeller gehockt.)

„DO IS ZUAGONGA!"

(Da ist es zugegangen! = Da war was los!)

„MIT DEM BISSL GWAND, WOS MA GHOBT HOBN, HOMMA SOFORT DES HAUS VERLOSSN."

(Mit dem bisschen Gewand, das wir hatten, haben wir sofort das Haus verlassen.)

„A GAUDE WORS ALLWEIL!"

(Eine Gaude (= lustig) war es immer!")

„DE WOA MEI LIEBSTE FREUNDIN."

(Die war meine beste Freundin.)

„DO HOT DE HEBAMM BEI DREI METER SCHNEE MITN RADL KUMMA MIASSN."

(Da hat die Hebamme bei drei Meter Schnee mit dem Rad kommen müssen.)

„DES WOA A RIEGL!"
(Das war ein Brocken!)

„I HOB EAM SO GERN GHOBT, I HOB EAM ALLES VERZIEHEN, DAS IST LIEBE."
(Ich hab ihn so gern gehabt, ich hab ihm alles verziehen, das ist Liebe.)

„DES WOAN WIRKLICH SO SCHENE WEIHNACHTEN. FRÜHER HOT MA NU DE GEMEINSCHAFT GESCHÄTZT UND NET NUR DE GESCHENKE."
(Das waren wirklich so schöne Weihnachten. Früher hat man noch die Gemeinschaft geschätzt und nicht nur die Geschenke.)

„CHILLN … CHILLN … WASS NET AMÅL, WÅS DES IS! MI HOIT DE ORBEIT JUNG."
(Chillen … chillen … ich weiß nicht einmal, was das ist! Mich hält die Arbeit jung.)

„AM DONNERSTAG WOLLEN SIE AUFHÖRN ZUM ORBEITN, WIR HABN SONNTAG AUCH ARBEITN MÜSSEN!"
(Am Donnerstag wollen sie aufhören zu arbeiten, wir haben Sonntag auch arbeiten müssen!

„GIB DES JO NET EINE, KATHRIN, ICH BITTE DICH! … DU GIBST SO VIEL BLÖDHEITEN REIN! TUAST SCHON WIEDER WOS INSZENIEREN!"
(Gib das ja nicht rein, Kathrin, ich bitte dich! … Du gibst so viele Blödheiten rein! Du inszenierst schon wieder was!)

„ES IS SCHO SCHE, WENN MA SO A GROSSE FAMILIE HOT."
(Es ist schon schön, wenn man so eine große Familie hat.)

„WENN I DENAN KÖCH' ZUASCHAU, WIE DE A GULASCH MOCHN!"
(Wenn ich diesen Köchen zusehe, wie die Gulasch machen!)

„I SOG HOID, WOS I MA DENK!"
(Ich sage eben, was ich mir denke!)

„DIE KINDER HOBM DES GERN G'ESSN."
(Die Kinder haben das gerne gegessen."

„AUS'M EIGENEN GÅRTN SCHMECKT ÅLLS GLEI VÜ BESSA."
(Aus dem eigenen Garten schmeckt alles gleich viel besser.)

„OWA BRING MIR DES BLECH Z'RUCK!"
(Aber bring mir das Backblech zurück!)

„DÅ KÅNN SCHNELL DIE LUFT AUSGEHN …"
(Da kann schnell die Luft entweichen …)

„A BLECH HÅT A JEDER!"
(Ein Backblech hat jeder!)

„FRÜHA WAR DER PUDDING VIEL BESSER!"
(Früher war der Pudding viel besser!)

„WIA DA OFEN, SO DIE KÖCHIN …"
(Wie der Ofen, so die Köchin …)

„TUA MA NET REINPFUSCHEN!"
(Pfusch mir nicht ins Handwerk!)

„BÅCK WÅS D' WÜ'SD!"
(Back was du willst!)

„WO IS MEI BLECH?"
(Wo ist mein Backblech?)

„FRÜHA IS ZU WEIHNACHTN NET NUR UM G'SCHENKE GÅNGEN."
(Früher ist es zu Weihnachten nicht nur um Geschenke gegangen.)

Brotsuppe
mit Gemüse

ZUTATEN
Für 4 Portionen

4 Scheiben hartes, altbackenes Schwarzbrot
¼ Sellerieknolle
1 Petersilienwurzel
1 große Karotte
1 Zwiebel
1 TL Butterschmalz
1 EL Suppenwürze
1 l Wasser
Salz und Pfeffer
1 EL Kräuter (z. B. fein gerebelter Majoran oder Thymian)
ca. 80 ml Obers (Sahne)
1 Ei

ZUBEREITUNG

1. Für die Brotsuppe zuerst das Brot in Stücke schneiden und in Wasser einweichen.
2. Das Wurzelgemüse (Sellerie, Petersilienwurzel und Karotten) schälen und in kleine Würfel schneiden, die Zwiebel ebenfalls schälen und fein hacken.
3. Das Butterschmalz in einem Topf erhitzen, darin die Zwiebel anschwitzen, nach und nach die Gemüsewürfel zugeben und kurz mitrösten.
4. Die Suppenwürze hinzufügen, die Brotstücke gut ausdrücken und auch dazugeben.
5. Alles noch einmal kurz durchrösten.
6. Mit etwa einem Liter Wasser aufgießen und mit Salz und Pfeffer würzen, nach persönlichem Geschmack beliebige Kräuter hinzufügen.
7. Die Suppe köcheln lassen, bis das Gemüse bissfest ist.
8. Anschließend mit Obers aufgießen, falls die Brotstücke noch zu groß sind, mit einem Schneebesen gut durchrühren oder mit einem Kartoffelstampfer zerdrücken.
9. Das Ei versprudeln, in die noch leicht köchelnde Suppe einrühren, bis es ausflockt, dann die Suppe mit frisch gehackter Petersilie servieren.

Deftige LEBERKNÖDELSUPPE

ZUTATEN
Für 6 Portionen

150 g Rindsleber
2 altbackene Semmeln
50 ml Wasser
1 Knoblauchzehe
1 Zwiebel
1 Bund Petersilie
30 g Butter
1 Prise Majoran
1 Ei
80 g Semmelbrösel
Salz und Pfeffer

1,5 l kräftige Rindsuppe
Schnittlauchröllchen

ZUBEREITUNG

1. Die Leber fein hacken oder schaben (oder durch den Fleischwolf drehen).
2. Die Semmeln in Wasser einweichen und anschließend gut ausdrücken.
3. Knoblauch und Zwiebel schälen, beides fein hacken.
4. Petersilie waschen, abtropfen lassen und fein hacken.
5. Die Butter in einer Pfanne erhitzen, die fein gehackte Zwiebel hellbraun anrösten, dann den Knoblauch kurz mitrösten und die Petersilie sowie den Majoran zufügen.
6. Die Masse erkalten lassen, danach die ausgedrückte Semmel, die Leber und das angeröstete Zwiebelgemisch in einer Schüssel vermischen.
7. Das Ei, die Semmelbrösel, Salz und Pfeffer dazugeben und alles noch einmal gut verrühren.
8. Mit feuchten Händen aus der Masse Knödel formen.
9. Diese in leicht köchelndem Salzwasser 20–25 Minuten ziehen lassen.
10. Die Rindsuppe erhitzen und mit den Knödeln und Schnittlauchröllchen bestreut servieren.

TIPP

Wenn die Masse zum Formen der Knödel zu weich sein sollte, einfach etwas mehr Semmelbrösel untermischen.

Trude-Omas Stosuppe

ZUTATEN
Für 6 Portionen

Suppe
3 TL Kümmelsamen
1,5 l Wasser
60 g glattes Mehl
250 ml Sauerrahm
(saure Sahne)
Salz und Pfeffer

Suppeneinlage
250 g Schwarzbrot
2 EL Butter

2 EL gehackte Petersilie

ZUBEREITUNG

1. Den Kümmel in einem Topf ohne Fett anrösten, bis er zu duften beginnt und leicht zu knistern anfängt.
2. Dann mit dem Wasser aufgießen und ca. 5 Minuten kochen lassen, dann den Herd zurückschalten.
3. Das Mehl und den Sauerrahm miteinander gut vermischen und in das Kümmelwasser einrühren.
4. Weitere 5 Minuten bei geringer Hitze köcheln lassen und die Suppe mit Salz und Pfeffer abschmecken.
5. Für die Suppeneinlage das Schwarzbrot in etwa 2 cm große Würfel schneiden.
6. Dann die Butter in einer Pfanne aufschäumen lassen und die Brotwürfel darin rundherum knusprig braten.
7. Herausnehmen und auf einem Küchenpapier abtropfen lassen.
8. Die Stosuppe mit frisch gehackter Petersilie bestreuen und mit den Brotwürfeln servieren.

TIPP

Die Oma hat erzählt, dass diese Suppe früher sehr oft gekocht wurde: Die einfachen Zutaten hatte jeder im Haus, zudem war sie sättigend. Und niemand warf früher altes, hartes Brot weg – auf diese Art konnte man es gut verwerten!

Trude-Omas
Lieblingsessen in
der Kindheit

Rindsgulasch

ZUTATEN
Für 4 Portionen

500 g Rindfleisch (Gulaschfleisch)
500 g Zwiebeln
Öl zum Anrösten
2 EL Paprikapulver (edelsüß oder rosenscharf, je nach Geschmack)
2 EL Tomatenmark
1 EL griffiges Mehl
Salz und Pfeffer
800 ml Rindsuppe
3 Knoblauchzehen
½ TL Kümmel

ZUBEREITUNG

1. Das Fleisch in ca. 3 x 3 cm große Würfel schneiden.
2. Die Zwiebeln schälen, halbieren und in feine Ringe schneiden.
3. Das Öl in einem Topf erhitzen, die Zwiebeln darin goldgelb anrösten.
4. Dann das Fleisch kurz mitrösten, im Anschluss daran das Paprikapulver, das Mehl und das Tomatenmark unterrühren und ebenfalls kurz mitrösten.
5. Mit Salz und Pfeffer würzen, mit der Rindsuppe aufgießen (das Fleisch soll bedeckt sein).
6. Eine Stunde bei geringer Hitze köcheln lassen, gelegentlich umrühren.
7. Zum Schluss die geschälten Knoblauchzehen und die Kümmelsamen sehr fein hacken, zugeben, unterrühren und noch kurz durchziehen lassen.

“WENN I DENAN KÖCH' ZUASCHAU, WIE DE A GULASCH MOCHN!”

TIPP

Zum Gulasch kann man Beilagen nach Belieben servieren, z. B. gekochte Erdäpfel oder Spätzle. Aber auch eine einfache Semmel schmeckt gut dazu!

Fleischknödel

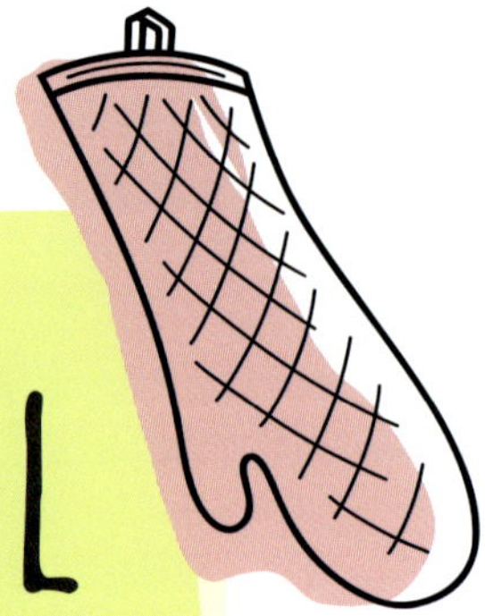

ZUTATEN
Für 6 Portionen

Teig
700 g mehlige Erdäpfel (Kartoffeln)
Salz
200 g Mehl
30 g Weizengrieß
1 großes Ei

Fülle
300 g Selchfleisch (oder auch übrig gebliebenes Bratenfleisch)
1 Zwiebel
1 Knoblauchzehe
1 EL Rapsöl zum Anbraten
1 EL Schnittlauch, fein geschnitten
Salz und Pfeffer

grüner Salat als Beilage

TIPP

Dazu schmeckt ein knackiger grüner Salat sehr gut, im Winter macht Oma meistens Sauerkraut dazu (Rezept siehe S. 46).

ZUBEREITUNG

1. Die Erdäpfel waschen und in leicht gesalzenem Wasser weich kochen.
2. In der Zwischenzeit das Mehl in einer großen Schüssel mit dem Grieß vermischen.
3. Die gekochten Erdäpfel abseihen, kurz ausdampfen lassen und noch möglichst heiß schälen, dann durch die Erdäpfelpresse in die Schüssel mit dem Mehl-Grieß-Gemisch drücken.
4. Salzen und alles kurz durchmischen, dann das Ei hinzufügen und die Masse rasch zu einem geschmeidigen Teig verkneten (nicht zu lange kneten, sonst wird der Teig zäh!).
5. Eine Teigrolle formen und diese in 12 gleich große Stücke schneiden.
6. Für die Fülle das Selchfleisch (oder das Bratenfleisch) ganz fein schneiden oder faschieren und in eine Schüssel geben.
7. Die Zwiebel und den Knoblauch schälen, fein hacken, im erhitzten Öl zunächst die Zwiebel goldgelb anrösten, dann kurz den Knoblauch mitrösten.
8. Vom Herd nehmen, etwas abkühlen lassen und mit Schnittlauch, Salz und Pfeffer zum Fleisch geben, alles gut vermengen.
9. Die Teigstücke flach drücken, je Häufchen Fülle mittig daraufsetzen, den Teig rund um die Fülle zusammenklappen, gut verschließen und zu Knödeln formen.
10. In einem großen Topf Salzwasser zum Kochen bringen, die Fleischknödel einlegen und die Hitze etwas reduzieren, die Knödel ca. 20 Minuten leicht köcheln lassen.

Eiernockerln

ZUTATEN

Für 4 Portionen

500 g griffiges Mehl
480 ml Wasser
2 TL Salz
1 Prise Muskatnuss

1 EL Butter zum Anbraten
6 Eier
Salz und Pfeffer aus der Mühle
Kräuter nach Belieben (z. B. Schnittlauch)

ZUBEREITUNG

1. Mehl, Wasser, Salz und Muskatnuss mit einem Schneebesen oder einem Kochlöffel zu einem glatten Teig rühren.
2. Den Teig dann 10 Minuten rasten lassen.
3. Gesalzenes Wasser in einem großen Topf zum Kochen bringen.
4. Den Teig auf ein nasses Holzbrett geben, mit einem Messer kleine Nocken in das kochende Wasser „schaben".
5. Die Nockerln nach ca. 5 Minuten abseihen (sie sollen noch einen leicht kernigen Biss haben!).
6. In einer Pfanne die Butter schmelzen, die Nockerln in der Butter schwenken und kurz anbraten.
7. Die Eier mit einer Gabel oder einem Schneebesen gut verquirlen, über die Nockerln gießen und auf kleiner Flamme langsam braten, bis die Eier stocken, dabei immer wieder umrühren.
8. Nach Geschmack mit Salz und Pfeffer würzen und mit fein geschnittenen Kräutern garnieren.

TIPP

Einfacher ist es, den Teig durch ein Spätzlesieb zu drücken oder mit einem Spätzlehobel direkt in das leicht kochende Wasser zu reiben.

Wiener Schnitzel

oder „Kremser Schnitzel“

ZUTATEN
Für 4 Portionen

4 Schweinsschnitzel
(je 160 g)
Salz und Pfeffer
Mehl zum Wenden
2 Eier
80 g Semmelbrösel

Butterschmalz zum Braten
Erdäpfel oder Reis als
Beilage

ZUBEREITUNG

1. Die Schnitzel vorsichtig klopfen und auf beiden Seiten mit Salz und Pfeffer würzen.
2. Das Mehl auf einen großen Teller geben, die Eier in einer flachen breiten Schüssel verquirlen, die Semmelbrösel ebenfalls auf einen großen Teller geben.
3. Die Schnitzel zunächst auf beiden Seiten in Mehl wenden, dann durch die verquirlten Eier ziehen und schließlich in den Bröseln wenden.
4. Butterschmalz in einer tiefen Pfanne erhitzen, die Schnitzel einlegen, auf beiden Seiten goldbraun backen (zwischendurch immer wieder mit einem Schöpfer heißes Fett über die Schnitzeloberfläche gießen, dann souffliert die Panier schön!).

Variante „Kremser Schnitzel“

Dafür das Schnitzel nicht einfach durch verquirltes Ei ziehen, sondern die Eier mit 4 EL Kremser Senf, mit 80 g fein geriebenem Käse, Paprikapulver, Pfeffer und Muskatnuss gut verrühren. Dann die Schnitzel mit dieser Masse auf einer Seite gleichmäßig bestreichen und die Masse mit den Händen leicht festdrücken. Anschließend in den Bröseln wenden und in heißem Öl ausbacken wie Wiener Schnitzel.

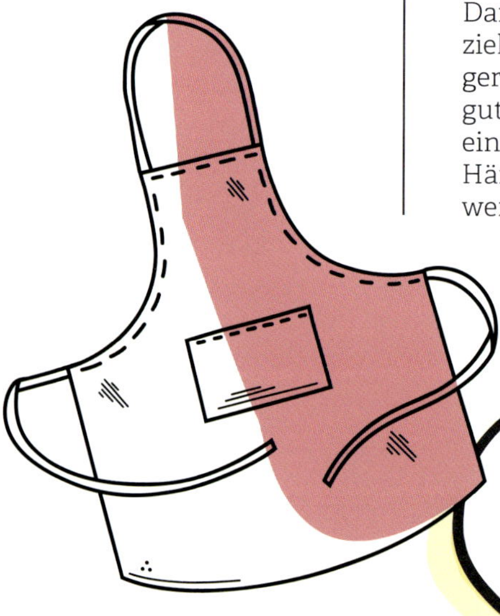

TIPP

Dazu passen Erdäpfel oder Erbsenreis und Salat. Meine Oma hat nach einem Rezept aus einer Zeitschrift manchmal die Variante „Kremser Schnitzel“ gemacht. Uns schmeckt aber das gewöhnliche Wiener Schnitzel immer noch am besten!

Trude-Omas RINDSSCHNITZEL

ZUTATEN

Für 4 Portionen

4 Rindsschnitzel
Salz und Pfeffer
½ TL edelsüßes Paprikapulver
½ Stange Lauch
¼ Knollensellerie
2 kleine Karotten
1 kleine Zwiebel
1 Knoblauchzehe
3 EL ÖL
1 TL Butter
2 TL Tomatenmark
200 ml Rindsuppe
200 ml Rotwein
1 Rosmarinzweig
1 Lorbeerblatt
2 Paradeiser (Tomaten)

TIPP

Wer keine Gemüsestückchen in der Sauce möchte, kann die Sauce auch durch ein Sieb oder mit einem Pürierstab pürieren.

ZUBEREITUNG

1. Die Rindsschnitzel auf beiden Seiten mit Salz, Pfeffer und Paprikapulver würzen.
2. Den Lauch (nur den hellen Teil verwenden) der Länge nach halbieren und gründlich unter fließendem kaltem Wasser waschen, dann in feine Streifen schneiden.
3. Sellerie und Karotten schälen und in kleine Würfel schneiden.
4. Zwiebel und Knoblauch schälen und fein hacken.
5. In einer großen beschichteten Pfanne das Öl erhitzen und das Fleisch kurz auf beiden Seiten anbraten und dann wieder herausnehmen.
6. In der Pfanne, in der die Rindsschnitzel angebraten wurden, etwas Butter zum Bratensatz geben, diese erhitzen, darin die Gemüsewürfel, die Lauchstreifen sowie fein gehackten Knoblauch und Zwiebel unter Rühren anbraten.
7. Das Tomatenmark dazugeben und kurz mitbraten, dann mit Suppe und Rotwein aufgießen.
8. Das Fleisch wieder in die Bratpfanne geben, den Rosmarinzweig und das Lorbeerblatt hinzufügen.
9. Die Schnitzel zugedeckt bei geringer Hitze etwa 1 Stunde schmoren lassen.
10. Von den Tomaten den Stielansatz entfernen, gegenüber des Stielansatzes kreuzweise einschneiden, kurz in kochendes Wasser tauchen, dann in kaltem Wasser abschrecken und die Haut abziehen. Die geschälten Tomaten kleinwürfelig schneiden.
11. Nach einer Stunde Schmorzeit die Tomatenwürfel zum Fleisch geben und alles zusammen eine weitere gute Stunden bei geringer Hitze schmoren, bis das Fleisch sehr weich ist. Mit Salz und Pfeffer abschmecken.
12. Die Rindsschnitzel aus der Bratpfanne nehmen, mit der Sauce und einer beliebigen Beilage, z. B. mit selbst gemachten Nockerln (Rezept auf S. 35) anrichten und servieren.

Trude-Omas
SCHINKENFLECKERLN

ZUTATEN FÜR
ca. 5 Portionen

300 g Fleckerlnudeln
250 g Schinken
1 EL Butter
250 g Sauerrahm
(saure Sahne)
Salz und Pfeffer

Petersilie oder Schnittlauch
zum Bestreuen

ZUBEREITUNG

1. Salzwasser zum Kochen bringen, darin die Fleckerlnudeln bissfest kochen, danach abseihen und abtropfen lassen.
2. In der Zwischenzeit den Schinken in Streifen oder Würfel schneiden.
3. In einer großen Pfanne die Butter erhitzen und den Schinken und die abgetropften Fleckerln einrühren.
4. Den Sauerrahm mit Salz und Pfeffer vermengen, unterrühren und das Ganze unter Rühren kurz erhitzen.

TIPP

Sehr gut schmecken die Schinkenfleckerln auch überbacken: Dazu die Nudeln mit den übrigen Zutaten in eine Auflaufform füllen, alles vermischen, ca. 150 g Käse reiben und darüber verteilen. Die Fleckerln im auf 180 °C vorgeheizten Backofen ca. 10 Minuten überbacken (diese Variante ist auf dem Foto im Hintergrund zu sehen).

„DIE KINDER HOBM DES GERN G'ESSN!"

Trude-Omas SCHWEINSBRATEN

ZUTATEN
Für 1 Braten

ca. 2 kg Schweinskarre mit Schwarte
Salz und Pfeffer
4 Knoblauchzehen
1 TL Kümmel
20 g Schmalz
300 ml Rindsuppe

1 Zwiebel
1 kleine Knoblauchknolle

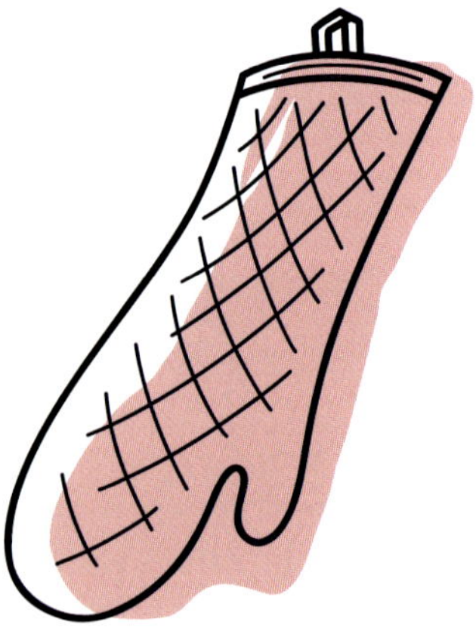

ZUBEREITUNG

1. Die Schwarte mit einem scharfen Messer schröpfen, d. h. im Abstand von 1–2 cm zunächst längs, dann quer einige Millimeter tief einschneiden (wichtig ist, dass die Schwarte durchgeschnitten ist, aber die Schnitte sollen nicht zu tief ins Fleisch gehen).
2. Das Fleischstück auf beiden Seiten kräftig salzen und pfeffern und mit dem gepressten Knoblauch und Kümmel gut einreiben.
3. Das Fleisch zugedeckt über Nacht im Kühlschrank durchziehen lassen.
4. Das Schmalz in einem Bräter erhitzen, das Karree mit der Schwarte nach unten in die Pfanne legen, dann auf allen Seiten kurz anbraten.
5. Mit der Rindsuppe aufgießen und die klein geschnittene Zwiebel sowie die in der Mitte durchgeschnittene Knoblauchknolle dazugeben.
6. Den Schweinsbraten bei 180 °C Ober-/Unterhitze ca. 2–2 ½ Stunden im Backofen braten.
7. Den Schweinsbraten alle 30 Minuten wenden und mit dem Bratensaft übergießen.
8. Die letzten 30 Minuten sollte die Schwarte oben sein, damit sie möglichst knusprig wird (wenn nötig, den Ofen vor dem Herausnehmen des Bratens auf höchste Oberhitze schalten und noch ca. 5 Minuten knusprig braten).

TIPP

Omas Schweinsbraten schmeckt uns am besten mit Sauerkraut (siehe Rezept S. 46) und Erdäpfeln. Aber auch Semmelknödel oder Serviettenschnitten passen gut dazu (siehe Rezept S. 45).

Semmelknödel

ZUTATEN FÜR
ca. 4 Portionen

200 g Semmelwürfel
200 ml lauwarme Milch
1 Ei
Salz und Pfeffer
1 Prise Muskatnuss
1 kleine Zwiebel
1 EL Butter
3 EL fein gehackte Petersilie
etwas Mehl zum Binden
(falls nötig)

ZUBEREITUNG

1. Die Semmelwürfel in eine Schüssel geben, die Milch mit dem Ei verquirlen und über die Semmelwürfel gießen. Mit Salz, Pfeffer und Muskatnuss würzen und alles gut durchmischen.
2. Die Zwiebel schälen und fein hacken, in der erhitzten Butter goldgelb anrösten und dann zur Semmelmasse geben.
3. Die Petersilie ebenfalls hinzufügen und noch einmal gut durchkneten (falls die Masse zu weich ist, etwas Mehl untermischen.
4. Die Semmelmasse ca. 15 Minuten rasten lassen.
5. Dann beliebig große Knödel formen, zwischendurch öfters die Hände feucht machen, damit die Knödelmasse nicht klebt.
6. In einem großen Topf Salzwasser zum Kochen bringen und die fertig geformten Semmelknödel darin 12–15 Minuten bei geringer Hitze köcheln lassen.

TIPP

Die Oma gibt zur Masse immer 1 TL Suppenwürze dazu. Manchmal macht sie auch Serviettenschnitten aus der Masse: Dazu gibt sie die Semmelmasse auf ein weißes, feuchtes Leinentuch, formt das Ganze zu einer Rolle und bindet das Tuch an beiden Enden mit Küchenspagat zusammen. Dann lässt sie die Rolle in einem großen Topf in Salzwasser ca. 35–40 Minuten köcheln.

Sauerkraut
als Beilage

ZUTATEN

2 EL Butterschmalz
100 g geräucherter Bauchspeck
1 Zwiebel
500 g Sauerkraut
1 EL Suppenwürze
1 TL Kümmel
1 Prise Salz
1 Prise Pfeffer

ZUBEREITUNG

1. Butterschmalz im Topf schmelzen, geräucherten Bauchspeck würfeln und darin anbraten, gewürfelte Zwiebel dazugeben und so lange braten, bis der Bauchspeck leicht bräunlich ist und die Zwiebeln glasig, aber nicht braun sind.
2. Sauerkraut hinzugeben und durchschwenken, anschließend mit ca. 125 ml Wasser aufgießen. Suppenwürze und Kümmel unterrühren und ca. 10 Minuten bei mittlerer Temperatur köcheln lassen. Wenn nötig, noch etwas Wasser nachgießen.
3. Zum Schluss mit Salz und Pfeffer abschmecken.

Trude-Omas
Nudelsalat mit Mayonnaise

ZUTATEN
Für ca. 6 Portionen

300 g Nudeln
300 g Extrawurst
1 rote Paprikaschote
200 g Essiggurken
150 g Tiefkühlerbsen

Dressing
200 g Mayonnaise
2 TL Senf
5 EL Gurkenessig
Salz und Pfeffer

ZUBEREITUNG

1. Die Nudeln in Salzwasser bissfest kochen, in der Zwischenzeit Extrawurst in kleine Würfel oder feine Streifen schneiden.
2. Die Paprikaschote halbieren, weiße Adern und Kerne entfernen, Paprika kleinwürfelig schneiden, die Essiggurken in Scheiben schneiden, die Tiefkühlerbsen auftauen lassen.
3. Für das Dressing Mayonnaise, Senf und Gurkenessig verrühren und mit Salz und Pfeffer abschmecken. Bei Bedarf noch etwas mehr Gurkenessig einrühren, damit der Salat nicht zu „trocken" ist.
4. Alle Salatzutaten in eine Schüssel geben und mit dem Dressing gut verrühren.

TIPP

Die Mayonnaise kann man auch mit Joghurt strecken (z. B. 100 g Joghurt, 100 g Mayonnaise), dann ist das Dressing nicht so üppig.

Mischbrot

ZUTATEN
Für 1 Brotlaib

300 g Roggenmehl
300 g Weizenmehl
470 ml lauwarmes Wasser
1 Würfel Germ (Hefe)
1 EL Salz
20 g Brotgewürz

TIPP

Den Laib während dem Backen ab und zu mit Wasser besprühen.

ZUBEREITUNG

1. Roggen- und Weizenmehl in eine Schüssel geben, eine Mulde machen und in diese Mulde etwas vom lauwarmen Wasser geben.
2. Die Germ hineinbröseln und mit etwas Mehl bestauben, kurz gehen lassen.
3. Salz und Brotgewürz hinzufügen und das restliche Wasser nach und nach eingießen. So lange mit der Hand oder mit der Küchenmaschine (Knethaken) kneten, bis ein geschmeidiger, glatter Teig entsteht, der sich von der Schüssel löst.
4. Mit einem sauberen Geschirrtuch bedecken und bei Zimmertemperatur etwa 1 Stunde gehen lassen, bis er ca. die doppelte Größe hat.
5. Den Teig auf einer bemehlten Arbeitsfläche rund formen, den Laib in ein gut bemehltes Simperl (Brot- oder Gärkörbchen) legen und wieder 30 Minuten gehen lassen.
6. Den Backofen auf 180 °C Ober-/Unterhitze vorheizen.
7. Den Laib aus dem Simperl auf das Backblech stürzen, die Oberfläche mit Wasser besprühen und ca. 40 Minuten backen.
8. Dann die Temperatur auf 200 °C erhöhen und weitere 15 Minuten fertig backen.

Thunfischaufstrich

(siehe Foto S. 51)

ZUTATEN
Für ca. 700 g

1 Dose (ca. 180 g) Thunfisch in eigenem Saft
250 g Sauerrahm (saure Sahne)
250 g Topfen
Salz und Pfeffer
1 TL Senf
Oregano nach Geschmack

ZUBEREITUNG

1. Den Thunfisch aus der Dose in ein Sieb leeren und abtropfen lassen.
2. In einer Schüssel die übrigen Zutaten verrühren, dann den abgetropften Thunfisch mit einer Gabel zerkleinern, unter die Topfenmasse rühren und den Aufstrich abschmecken.

Eiersalat

ZUTATEN
Für 4 Portionen

8 Eier
60 g Mayonnaise
60 g Sauerrahm (saure Sahne)
1 TL Senf
1 EL milder Essig
(z. B. von Essiggurken)
Salz und Pfeffer
2 EL fein gehackter Schnittlauch

ZUBEREITUNG

1. Die Eier 10 Minuten hart kochen, dann in kaltem Wasser abkühlen lassen.
2. Die Eier schälen und in kleine Würfel schneiden.
3. Mayonnaise, Sauerrahm, Senf und Essig verrühren.
4. Mit Salz und Pfeffer abschmecken und den Schnittlauch unterheben.
5. Die Eier mit der Sauce mischen und den Salat bis zum Verzehr im Kühlschrank ziehen lassen.

Liptauer-Aufstrich

ZUTATEN
Für ca. 450 g

250 g Topfen
100 g Butter
2 EL edelsüßes Paprikapulver
etwas scharfes Paprikapulver
1 TL gemahlener Kümmel
Salz und Pfeffer
1 Zwiebel
1 Knoblauchzehe
2 Essiggurkerln
1 EL scharfer Senf

Schnittlauch, Paprikapulver und/oder fein geschnittene Zwiebelringe zum Garnieren

ZUBEREITUNG

1. Den Topfen und die zimmerwarme Butter mit den Gewürzen in eine Schüssel geben und gut verrühren.
2. Die Zwiebel und den Knoblauch schälen und fein hacken, Essiggurkerln ebenfalls fein hacken.
3. Fein gehackte Zutaten zum Topfen-Butter-Gemisch geben und gut unterrühren, abschmecken.
4. Den Liptauer mindestens 30 Minuten im Kühlschrank durchziehen lassen.
5. Vor dem Servieren den Aufstrich mit Schnittlauch, Paprikapulver und/oder Zwiebelringen garnieren.

Apfelstrudel
mit Mürbteig

ZUTATEN
Für 1 Strudel

Teig
300 g Universalmehl
1 Prise Salz
½ P. Backpulver
100 g Butter
120 g Staubzucker
1 Ei
1 EL Sauerrahm
(saure Sahne)
1 P. Vanillezucker

1 Ei zum Bestreichen
Staubzucker zum Bestreuen

Fülle
5 mittlere Äpfel
ca. 70 g Kristallzucker (mehr oder weniger je nach Süße der Äpfel)
1 TL Zimt
1 Handvoll Rosinen

1 Ei zum Bestreichen

ZUBEREITUNG

1. Für den Teig zuerst das Mehl mit dem Salz und dem Backpulver vermengen. Danach das Mehl mit der in Stücke geschnittenen kalten Butter vermischen und kurz durchkneten (abbröseln).
2. Zucker und die restlichen Zutaten beifügen und den Teig rasch und glatt verkneten, anschließend ca. 30 Minuten im Kühlschrank rasten lassen.
3. Für die Fülle die Äpfel schälen, entkernen und in dünne Scheiben schneiden.
4. Zucker, Zimt und Rosinen hinzufügen. Die Äpfel gut vermischen und etwa 15 Minuten ziehen lassen.
5. Danach den Teig auf einer bemehlten Arbeitsfläche ca. 6 mm dick ausrollen, die Fülle längs in der Mitte des Teiges verteilen.
6. Die Teigränder mit ein bisschen vom verquirlten Ei bestreichen und den Teig über der Fülle zusammenklappen.
7. Den Strudel mit dem Teigschluss nach unten auf ein mit Backpapier belegtes Backblech legen und gut mit dem restlichen verquirlten Ei bestreichen.
8. Im auf 180 °C Ober-/Unterhitze vorgeheizten Backofen ca. 40 Minuten backen.
9. Vor dem Servieren den fertigen Strudel mit etwas Staubzucker bestreuen.

Foto © Gerhard Lenk

Mohnnudeln

ZUTATEN FÜR
4–5 Portionen

750 g mehlige Erdäpfel
200 g griffiges Mehl
70 g zimmerwarme Butter
3 Eidotter (Eigelbe)

40 g Butter
80 g Staubzucker
1 P. Vanillezucker
100 g geriebener Mohn

ZUBEREITUNG

1. Die Erdäpfel waschen und weich kochen, dann abseihen, kurz ausdampfen lassen.
2. Noch möglichst heiß schälen und durch die Erdäpfelpresse drücken.
3. Das Mehl mit Butter und Eidottern zu den Erdäpfeln geben und mit den Händen rasch zu einem glatten, flaumigen Teig kneten.
4. Kleine Stücke vom Teig abzupfen und mit der flachen, bemehlten Hand zu kleinen Röllchen formen, die an den Enden jeweils ein bisschen schmäler sind und etwa wie ein kleiner Finger lang und dick sind.
5. Die Nudeln am besten über Dampf ca. 15 Minuten garen oder in kochendes Salzwasser geben und etwa 10–15 Minuten köcheln lassen.
6. Die Butter in einer großen Pfanne schmelzen, Staubzucker, Vanillezucker und Mohn vermischen, zur Butter in die Pfanne geben. Die Nudeln dazugeben und kurz durchschwenken.

TIPP

Dazu serviert Trude-Oma entweder Apfelmus oder Zwetschkenröster.

Trude-Omas Lieblingsessen

Hat Falco immer
bei ihr im Gasthaus
gegessen

Kaiserschmarren

ZUTATEN
Für 4 Portionen

4 Eier
1 Prise Salz
300 ml Milch
40 g Zucker
1 P. Vanillezucker
1 TL Zitronenabrieb (von unbehandelter Zitrone)
250 g Mehl

2 EL Butter
2 EL Kristallzucker

Staubzucker zum Bestreuen

ZUBEREITUNG

1. Die Eier trennen, die Eiklar (Eiweiße) mit der Prise Salz zu steifem Schnee schlagen.
2. Die Eidotter (Eigelbe) mit der Milch gut verrühren, Zucker, Vanillezucker, Zitronenabrieb und nach und nach das Mehl hinzufügen und zu einem glatten, dickflüssigen Teig verrühren, dann den Eischnee unter den Teig heben.
3. Die Butter in einer großen Pfanne (22–24 cm Ø) erhitzen, den Teig langsam eingießen und bei geringer Hitze langsam erst auf der einen Seite goldgelb anbacken, dann mithilfe eines Pfannenwenders umdrehen und die zweite Seite ebenfalls anbacken.
4. Anschließend die Pfanne im auf ca. 160 °C Ober-/Unterhitze vorgeheizten Backofen 10–12 Minuten fertig backen, bis die Oberfläche goldbraun ist.
5. Danach die Pfanne aus dem Backofen nehmen und den Schmarren mit zwei Gabeln in unregelmäßige Stücke zerreißen.
6. Butter und Kristallzucker hinzufügen, gut durchschwenken und die Pfanne noch einmal ca. 1 Minute zum Karamellisieren in den noch heißen Backofen geben.
7. Den Schmarren anrichten, mit Zucker bestreuen und nach Belieben Kompott oder Apfelmus (Rezept siehe S. 58) servieren.

TIPP

Wenn der Teig zu flüssig ist, einfach etwas Mehl hinzufügen. Wenn der Teig zu dickflüssig ist, dann einen Schuss Mineralwasser hinzugeben.

APFELMUS

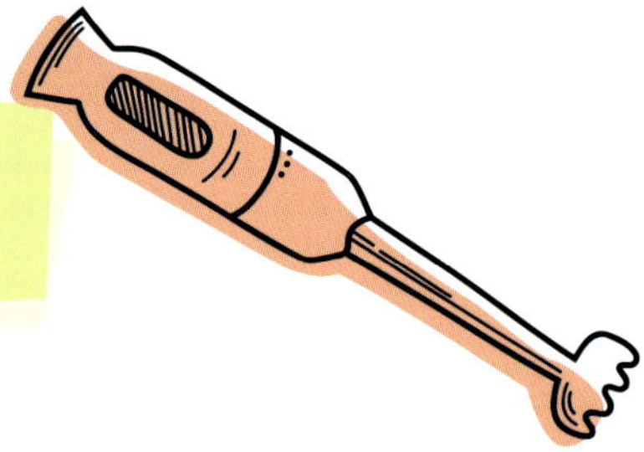

ZUTATEN
Für 6–8 Portionen

200 ml Wasser
100 ml Weißwein (falls gewünscht, sonst weglassen)
Saft von 1 Zitrone
1 kg mürbe Äpfel
ca. 120 g Kristallzucker (je nach Süße der Äpfel bzw. nach eigenem Geschmack)
einige Gewürznelken
1 Zimtrinde
eventuell 1 EL Rosinen

ZUBEREITUNG

1. In einen Topf Wasser, Weißwein und Zitronensaft geben.
2. Die Äpfel waschen, schälen und vierteln, das Kerngehäuse entfernen, die Apfelspalten gleich in den Topf geben (damit sie nicht braun werden).
3. Den Topf auf den Herd stellen, Zucker, Gewürznelken und Zimtrinde hinzufügen, falls gewünscht auch die Rosinen zugeben.
4. Alles aufkochen, bis die Äpfel weich sind.
5. Die Äpfel mit einem Siebschöpfer in ein Sieb geben, Gewürznelken und Zimtrinde entfernen, die Äpfel durch das Sieb passieren.

TIPP Für Apfelmus muss man die Äpfel nicht unbedingt schälen – besonders wenn Frühäpfel verwendet werden. Verfeinern kann man das Apfelmus eventuell mit etwas Rum, wenn keine Kinder mitessen.

FEINE VANILLESAUCE

ZUTATEN
Für ca. 300 ml

250 ml Obers (Sahne)
270 ml Milch
90 g Zucker
1 Vanilleschote
2 Eidotter (Eigelbe)
½ P. Vanillepuddingpulver

TIPP

Die fertige Vanillesauce schmeckt zu den Buchteln oder zum Apfelstrudel (Rezepte siehe S. 53 und S. 61) sehr gut.

ZUBEREITUNG

1. Obers, 200 ml von der Milch und Zucker in einen Topf geben.
2. Die Vanilleschote längs in der Mitte aufschlitzen und das Mark auskratzen, Mark und Vanilleschote ebenfalls in den Topf geben.
3. Unter ständigem Umrühren zum Kochen bringen.
4. Eidotter mit der restlichen Milch und dem Puddingpulver gut verquirlen.
5. Den Topf kurz vom Herd nehmen, die Vanilleschote entfernen und die Pudding-Mischung in die Milch-Obers-Mischung einrühren.
6. Zurück auf den Herd stellen und bei geringer Hitze unter ständigem Rühren weiter am Herd lassen, bis die Sauce eine dickflüssige Konsistenz hat. ACHTUNG: Die Masse darf nicht mehr aufkochen, sonst gerinnen die Eidotter.

Foto © Günter Hauer

Buchteln
mit Powidlfülle

ZUTATEN
Für 8 Stück

Germteig
½ Würfel (21 g) frische Germ (Hefe)
1 EL Zucker
250 ml lauwarme Milch
50 g flüssige Butter
50 g Staubzucker
2 Eidotter (Eigelbe)
500 g glattes Mehl
1 Prise Salz
20 g geriebener Mohn

Fülle
100 g Powidl
2 EL Rum
1 Prise Zimt

50 g zerlassene Butter zum Wenden
Butter für die Form

ZUBEREITUNG

1. Für den Teig Germ und Zucker in der lauwarmen Milch auflösen. Butter, Staubzucker und Eidotter verrühren und zusammen mit der Milch-Germ-Mischung und den übrigen Zutaten mit den Knethaken eines Handmixers zu einem glatten Teig verkneten.
2. Zugedeckt an einem warmen Ort etwa 1 Stunde gehen lassen.
3. Für die Fülle alle Zutaten glatt verrühren.
4. Den Teig noch einmal durchkneten, dann in 8 gleich große Portionen teilen, diese mit den Händen flach drücken.
5. Je 1 EL Fülle mittig auf die Teigstücke setzen, den Teig um die Fülle herum zusammennehmen und eindrehen, sodass die Buchteln gut verschlossen sind.
6. Buchteln in die zerlassene Butter tauchen und mit dem Schluss nach unten in eine mit Butter befettete Back- oder Auflaufform setzen, zugedeckt an einem warmen Ort etwa 20 Minuten gehen lassen.
7. Dann im vorgeheizten Backofen bei 190 °C (Ober-/Unterhitze) auf mittlerer Schiene etwa 35 Minuten backen.

TIPP

Die Trude-Oma macht dazu meistens eine Vanillesauce (Rezept siehe S. 58).

GRIESSSCHMARREN

ZUTATEN
Für 4 Portionen

500 ml Milch
1 Prise Salz
220 g Grieß
120 g Butter
70 g Zucker
1 P. Vanillezucker
abgeriebene Schale von einer ½ Bio-Zitrone
40 g Rosinen

ZUBEREITUNG

1. Die Milch in einen Topf geben, etwas salzen und aufkochen lassen.
2. Den Grieß einrühren und zu einem dicken Brei einkochen.
3. Die mit einer Gabel auflockern, Masse im auf 180 °C Ober-/Unterhitze vorgeheizten Backofen etwa 10 Minuten bei ausdünsten lassen und wieder mit einer Gabel gut durchrühren.
4. In einer großen Pfanne die Butter erhitzen, den Schmarren sowie Zucker, Vanillezucker, Zitronenschale und Rosinen hinzufügen und das Ganze unter Rühren bei mittlerer Temperatur anrösten, bis der Schmarren eine schöne Farbe hat und körnig ist.

Marmeladepalatschinken

ZUTATEN

Für ca. 5 Stück

Teig
120 g glattes Mehl
200 ml Milch
50 ml Mineralwasser
1 Ei
1 Prise Salz
1 EL Zucker

Öl oder Butter zum Ausbacken
Marmelade (Konfitüre) oder Fruchtmus zum Füllen

Schokoladensauce
100 g Kochschokolade
½ TL Kokosfett (z. B. Ceres)

ZUBEREITUNG

1. Alle Teigzutaten in einer Schüssel mit dem Schneebesen oder Mixer gut verrühren, bis eine glatte, flüssige Teigmasse entsteht.
2. In einer flachen Pfanne wenig Öl oder Butter erhitzen.
3. Mit einem Schöpfer Teig eingießen, dabei die Pfanne schwenken, damit sich der Teig gleichmäßig in der Pfanne verteilt und der Boden dünn mit Teig bedeckt ist.
4. Nach ca. 1–2 Minuten, wenn die Unterseite leicht angebräunt ist, die Palatschinke mit einem Pfannenwender umdrehen und auf der zweiten Seite ebenfalls goldgelb backen.
5. Die fertigen Palatschinken noch heiß nach Belieben mit Marmelade oder Fruchtmus füllen und mit Schokoladensauce beträufeln.

Topfenpalatschinken

ZUTATEN

Für ca. 8 Stück

Palatschinken
Rezept siehe oben

Fülle
50 g Butter
50 g Zucker
Zitronenabrieb (von unbehandelter Zitrone)
2 Eier
250 g Topfen
1 Prise Salz
etwas Milch

ZUBEREITUNG

1. Für die Fülle die Butter (zimmerwarm) mit Zucker und Zitronenschale schaumig rühren, die Eier nacheinander unterrühren.
2. Topfen durch ein Sieb passieren, mit dem Butterabtrieb und den übrigen Zutaten gut verrühren.
3. Die Palatschinken (siehe oben) mit der Topfenmasse füllen, einrollen und in eine befettete Auflaufform schlichten, im auf 160 °C vorgeheizten Backofen ca. 15 Minuten backen.

Variante mit Guss: 2 Eidotter mit 500 ml Sauerrahm verquirlen, 4 EL Zucker dazugeben, den Guss über die Palatschinken in der Auflaufform gießen und ca. 35 Minuten goldgelb backen.

Ribiselsaft

kalt gepresst

ZUTATEN
Für 5 Flaschen à 1 Liter

2 ½ kg frische Ribiseln (Johannisbeeren; rot, schwarz oder gemischt)
1 ½ l Wasser
50 g Zitronensäure
2 ½ kg Kristallzucker
1 P. Einsiedehilfe

ZUBEREITUNG

1. Die frischen Ribiseln waschen, dann mit dem Wasser und der Zitronensäure in einer Schüssel vermengen und mit einem Geschirrtuch abgedeckt einen Tag lang bei Zimmertemperatur stehen lassen.
2. Von Zeit zu Zeit umrühren. Das Ganze dann durch ein Tuch seihen und die Ribiseln gut ausdrücken.
3. Anschließend 2 ½ kg Kristallzucker und die Einsiedehilfe dazurühren.
4. Wenn alles ganz aufgelöst ist, abermals durch ein Tuch seihen und den Saft in sterilisierte Flaschen füllen, verschließen und dunkel lagern.

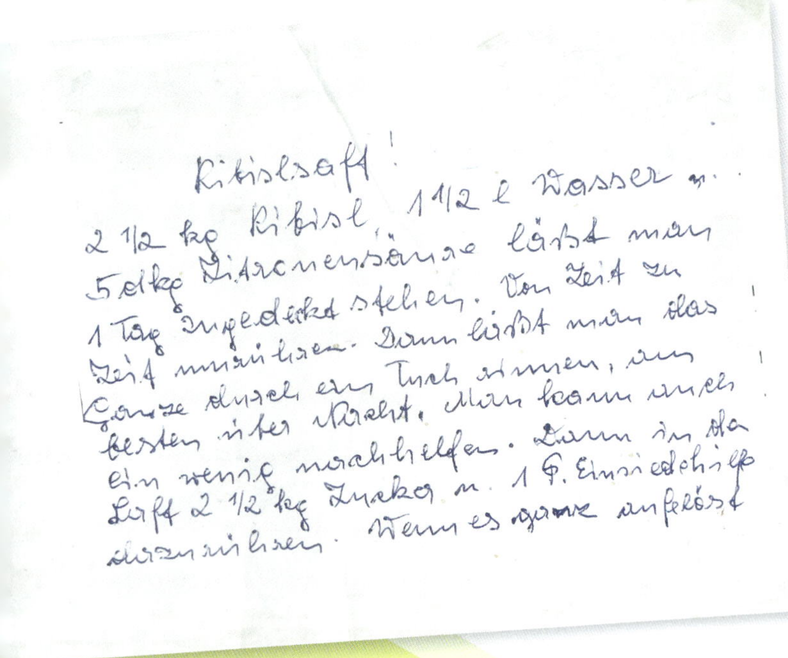

Ribiselsaft!
2 1/2 kg Ribisel, 1 1/2 l Wasser u.
5 dkg Zitronensäure läßt man
1 Tag zugedeckt stehen. Von Zeit zu
Zeit umrühren. Dann läßt man das
Ganze durch ein Tuch rinnen, am
besten über Nacht. Man kann auch
ein wenig nachhelfen. Dann in den
Saft 2 1/2 kg Zucker u. 1 P. Einsiedehilfe
dazurühren. Wenn es ganz aufgelöst

„AUS'M EIGENEN GÅRTN SCHMECKT ÅLLS GLEI VÜ BESSA."

Marillenmarmelade

ZUTATEN

Für ca. 10 Gläser à 300 ml

2 kg Marillen (Aprikosen)
1 kg Gelierzucker 2:1
2 cl Marillenbrand

ZUBEREITUNG

1. Die Marillen waschen, halbieren und die Kerne entfernen.
2. Die Früchte mit dem Gelierzucker in einen großen Topf geben und gut vermischen.
3. Unter ständigem Rühren zum Kochen bringen, dann mit einem Stabmixer nach Belieben grob oder fein pürieren und danach 5 Minuten sprudelnd kochen lassen.
4. Den Marillenbrand einrühren, die heiße Marmelade in sterilisierte Gläser einfüllen und diese gut verschließen.
5. Kühl und dunkel lagern.

Gebackene Mäuse

ZUTATEN

Für ca. 4 Portionen

300 g Weizenmehl
15 g Germ (Hefe)
ca. 150 ml lauwarme Milch
40 g Butter
80 g Honig
1 Ei
1 Prise Salz
2 Eidotter (Eigelbe)
4 cl Rum
etwas Vanillezucker und geriebene Zitronenschale

Öl zum Ausbacken
Staubzucker zum Bestreuen

ZUBEREITUNG

1. Das Mehl in eine große Schüssel geben und in der Mitte eine Mulde machen.
2. Die Germ in einem Teil der lauwarmen Milch und auflösen, diese Mischung in die Mehlmulde gießen und mit wenig Mehl bestauben, 30 Minuten an einem warmen Ort gehen lassen.
3. Die Butter mit dem Honig erwärmen, diese flüssige Mischung mit den restlichen Teigzutaten zum Mehl geben und alles zu einem weichen Teig verkneten.
4. Zugedeckt bei Zimmertemperatur 30 Minuten gehen lassen, dann den Teig mit einem Kochlöffel so lange abschlagen, bis er seidig glänzt und ein weiteres Mal 30 Minuten aufgehen lassen.
5. In einer großen Pfanne reichlich Öl erhitzen (nicht heißer als 150, maximal 160 °C), mit zwei in heißes Öl getauchten Esslöffeln Nockerln aus dem Germteig abstechen, die Nockerln in das erhitzte Öl geben und knusprig braun ausbacken.
6. Danach auf Küchenpapier abtropfen lassen und vor dem Servieren mit Staubzucker bestreuen.

TIPP

Die gebackenen Mäuse tunkt Oma am liebsten in Milchkaffee ein. Manchmal, wenn es frisches Obst gibt, macht sie auch eine Fruchtsauce dazu.

Vanilleschnitten
mit Haselnusscreme

ZUTATEN
Für 1 Backblech

Kuchenboden
5 Eier
50 g Kristallzucker
220 g Staubzucker
120 ml Öl
120 ml lauwarmes Wasser
200 g Mehl
4 EL Vanillepuddingpulver
1 P. Backpulver

Creme
1 l Obers
3–4 EL Staubzucker (nach persönlichem Geschmack)
4 P. Sahnesteif
5 EL Haselnusscreme (z. B. Nutella)

30 g Instantkakao (z. B. Benco) oder Schokostreusel zum Bestreuen

TIPP
Wir Enkelkinder lieben diesen Kuchen von Trude-Oma, er zergeht auf der Zunge!

ZUBEREITUNG
1. Die Eier trennen, die Eiklar (Eiweiße) mit Kristallzucker zu steifem Schnee schlagen.
2. Die Eidotter (Eigelbe) mit Staubzucker sehr schaumig schlagen, abwechselnd Öl und Wasser langsam unter ständigem Rühren untermixen.
3. Mehl mit Vanillepuddingpulver und Backpulver in eine Schüssel sieben und vermischen.
4. Eischnee und Mehlgemisch abwechselnd unter die unter die Dottermasse heben.
5. Gleichmäßig auf ein mit Backpapier ausgelegtes Backblech streichen und im auf 180 °C Ober-/Unterhitze vorgeheizten Backofen ca. 25–30 Minuten backen.
6. Den fertigen Kuchenboden auf mit wenig Mehl bestreutes Backpapier stürzen. Das Backpapier, auf dem der Kuchenboden gebacken wurde, mit kaltem Wasser bestreichen, vorsichtig abziehen und den Kuchenboden auskühlen lassen.
7. Obers cremig mixen, nach und nach Staubzucker und Sahnesteif dazugeben und weitermixen, bis die Oberscreme sehr steif ist.
8. Die Hälfte der Creme auf den Boden streichen, die Haselnusscreme mit dem Rest der Oberscreme verrühren.
9. Diese Mischung nun auf der Cremeschicht auf dem Kuchen verteilen, glatt streichen und die Oberfläche mit Instantkakao oder Schokostreuseln bestreuen.
10. Den fertigen Kuchen für einige Stunden, am besten über Nacht, in den Kühlschrank stellen und vor dem Servieren in Schnitten schneiden.

Topfenteigecken
mit Marmelade

ZUTATEN
Für ca. 25 Stück

Teig
300 g Topfen (Quark)
300 g Mehl
300 g zimmerwarme Butter

Fülle
Ribiselmarmelade (Johannisbeerkonfitüre) oder Marillenmarmelade (Aprikosenkonfitüre)

ZUBEREITUNG

1. Für den Teig Topfen, Mehl und die Butter zügig glatt verkneten.
2. Danach den Teig auf einer leicht bemehlten Arbeitsfläche ca. 4 mm dick ausrollen.
3. Mit dem Teigrad in etwa 10 x 10 cm große Vierecke schneiden, jeweils in die Mitte einen Klecks Marmelade setzen und anschließend zu Dreiecken zusammenklappen, die Ränder gut zusammendrücken.
4. Die Dreiecke auf ein mit Backpapier ausgelegtes Backbleck legen und im vorgeheizten Backofen bei 180 °C Ober-/Unterhitze ca. 30 Minuten backen.

Variante Mohnfülle: Für die Fülle 250 ml Milch mit 250 g geriebenem Mohn langsam und unter Rühren erhitzen, bis die Milch aufgesogen ist. Den abgekühlten Mohn mit 100 g Bröseln, 4 EL Zucker und Rum nach Geschmack vermischen.

Foto © Gerhard Lenk

TIPP

Dieses Gebäck kann man beliebig formen. Ich mache auch oft Kipferln daraus. Manchmal mache ich auch Golatschen: Dafür klappe ich die 4 Ecken des Quadrats zur Mitte hin zusammen. Oder ich fülle die Tascherln mit einer Topfen- oder Mohnmasse.

Rumschnitten

ZUTATEN
Für 1 Backblech

Teig
6 Eier
1 Prise Salz
200 g weiche Butter
150 g Staubzucker
140 g Kochschokolade
180 g Mehl
1 P. Backpulver
150 g geriebene Nüsse

Glasur
250 g Staubzucker
5 EL Rum
einige Tropfen Öl

ZUBEREITUNG

1. Für den Teig die Eier trennen, Eiklar (Eiweiße) mit einer Prise Salz zu steifem Schnee schlagen.
2. Butter und Zucker sehr schaumig schlagen, nach und nach die Eidotter (Eigelbe) unterrühren.
3. Die Schokolade fein reiben, mit dem Mehl, dem Backpulver und den Nüssen vermischen.
4. Die Mehlmischung abwechselnd mit dem Eischnee zur Butter-Eier-Zucker-Masse geben und vorschichtig unterrühren.
5. Anschließend die Masse ca. 3 cm dick auf ein mit Backpapier ausgelegtes Blech streichen und im auf 180 °C Ober-/Unterhitze vorgeheizten Backofen 15 Minuten hellbraun backen.
6. Den Kuchen auskühlen lassen, in der Zwischenzeit für die Glasur Zucker, Rum und wenig Öl vermischen und die Glasur auf den ausgekühlten Kuchen streichen.
7. Einige Stunden kühl stellen, damit die Glasur fest wird.

“OWA BRING MIR DES BLECH Z'RUCK!”

Foto © Günter Hauer

Ruck-Zuck-KRANZKUCHEN mit Punschglasur

ZUTATEN

Für 1 Kranzform

Kuchen
4 Eier
125 ml Öl
250 g Zucker
1 P. Vanillezucker
200 g glattes Mehl
120 ml Mineralwasser
½ P. Backpulver
100 g geriebene Nüsse

Glasur
1 Becher Punschglasur

ZUBEREITUNG

1. Die Eier, das Öl, den Zucker und den Vanillezucker mit dem Handmixer glatt verrühren (ACHTUNG: mindestens 5–7 Minuten rühren, bis die Zutaten eine dick-cremige Masse ergeben!).
2. Danach die Hälfte des Mehls abwechselnd mit dem Wasser in den Teig einrühren.
3. Das restliche Mehl mit dem Backpulver und den Nüssen vermengen und unter die Masse heben.
4. Die Teigmasse in eine mit Butter befettete und mit Bröseln ausgestreute Kranzform füllen und im auf 180 °C Ober-/Unterhitze vorgeheizten Backofen ca. 50 Minuten backen.
5. Den Kuchen auskühlen lassen. Danach die Punschglasur über einem Wasserbad erwärmen und damit den Kuchen glasieren.

TIPP

Die Punschglasur kann man auch selbst machen. Dazu 250 g Staubzucker mit 5 EL Rum und einigen Tropfen Fruchtsirup (z. B. aus schwarzen Ribiseln oder Holunder) zum Färben der Glasur verrühren.

Salzburger Nocken

ZUTATEN

Für 3 große Nocken

5 Eiklar (Eiweiße)
1 Prise Salz
3 EL Kristallzucker
3 Eidotter (Eigelbe)
1 EL glattes Mehl

Öl für die Form
Vanillezucker zum Bestreuen

ZUBEREITUNG

1. Die Eiklar mit der Prise Salz steif schlagen, den Zucker in 2 Portionen dazugeben und beide Male den Eischnee wieder sehr steif schlagen (wichtig!).
2. Die Eidotter und das gesiebte Mehl gut mit dem Schneebesen verrühren, dann diese Masse ganz vorsichtig unter den Eischnee ziehen (nicht zu sehr rühren, damit der Eischnee nicht zusammenfällt).
3. Die Auflaufform mit Öl bestreichen, die Masse mit einer Teigkarte als 3 große Nocken in die befettete Auflaufform setzen.
4. In den auf 180 °C vorgeheizten Backofen geben und ca. 15–20 Minuten goldgelb backen.
5. Aus dem Ofen nehmen, mit Vanillezucker bestreuen und sofort servieren.

„DÅ KÅNN SCHNELL DIE LUFT AUSGEHN …"

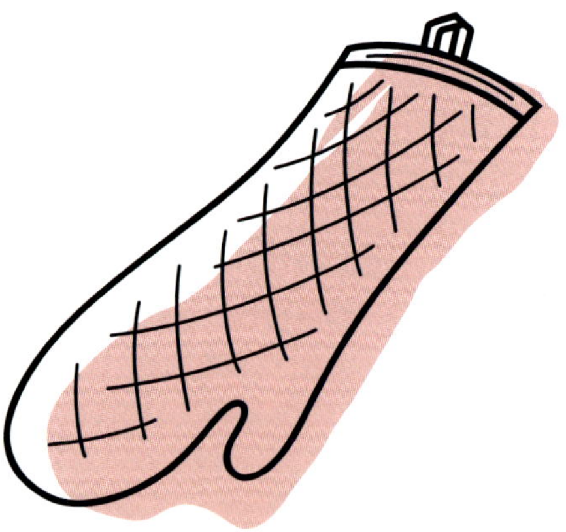

Kokosschnitten

mit Schokoladenglasur

ZUTATEN

Für 1 Backblech

Schokoladenmasse
180 g Butter
240 g Staubzucker
6 Eidotter (Eigelb)
1 Prise Salz
75 g Kochschokolade
90 g Mehl
½ TL Backpulver
160 g geriebene Nüsse
6 Eiklar

Fett für das Blech

Kokosschicht
100 g weiche Butter
150 g Kokosflocken
100 g Staubzucker
1 EL Rum
1 EL Milch

Glasur
100 g Vollmilchschokolade
100 g Zartbitterschokolade
50 g Kokosfett (z. B. Ceres)

ZUBEREITUNG

1. Für die Schokoladenmasse Butter mit Staubzucker, Eidottern und Salz schaumig rühren.
2. Danach die zerlassene Schokolade langsam unterrühren.
3. Mehl mit Backpulver versieben, Nüsse dazugeben und alles vermischen.
4. Eiklar zu steifem Schnee schlagen und abwechselnd mit dem Mehlgemisch unter die Schokoladenmasse heben.
5. Die Masse auf ein befettetes Blech streichen und im vorgeheizten Backofen bei 150 °C Ober-/Unterhitze 30 Minuten backen.
6. Für die Kokosschicht die sehr weiche Butter (längere Zeit bei Zimmertemperatur weich werden lassen) mit Kokosflocken, Staubzucker, Rum und Milch mit dem Handmixer gut verrühren (das ergibt eine relativ feste Masse).
7. Den Belag auf dem gebackenen und vollständig ausgekühlten Kuchen gleichmäßig verstreichen, wieder ein paar Stunden kalt stellen.
8. Schokolade und Kokosfett über einem Wasserbad schmelzen, den Kuchen mit der Schokoladenglasur überziehen.

TIPP

Diese Schnitten mit ihrem dünn aufgestrichenen Kokosbelag, dem saftigen Kuchenboden und der Schokoladenglasur schmecken fast wie „Bounty“-Riegel!

Nusskipferln

ZUTATEN

Für ca. 30 Stück (je nach Größe)

Teig
400 g glattes Weizenmehl
ca. 200 ml lauwarme Milch
15 g Germ (Hefe)
2 TL Zucker
160 g weiche Butter
1 TL Salz

Eidotter und etwas Milch zum Bestreichen

Fülle
125 ml Milch
2 EL Honig
½ TL Zimt
250 g geriebene Nüsse

ZUBEREITUNG

1. Für den Teig Mehl in eine Schüssel geben, eine Mulde machen, etwas von der lauwarmen Milch hineingießen.
2. Die Germ hineinbröseln, den Zucker hinzufügen, mit etwas Mehl bestauben und das „Dampfl" (Vorteig) gehen lassen.
3. Dann die übrigen Teigzutaten hinzufügen und gut zu einem geschmeidigen Teig verkneten, den Teig ca. 40 Minuten gehen lassen, bis sich sein Volumen fast verdoppelt hat.
4. Für die Fülle Milch mit Honig erwärmen, den Zimt und die Nüsse einrühren und kurz aufkochen, dann abkühlen lassen.
5. Den Teig halbieren, beide Teile etwa 1 cm dick ausrollen und Dreiecke ausradeln.
6. Auf jedes Dreieck in die Mitte ca. 1 EL Fülle setzen, dann die Dreiecke von der Längsseite her einrollen und zu Kipferln formen, weitere 15 Minuten gehen lassen.
7. Eidotter und Milch verquirlen und die Kipferln damit bestreichen, im auf 180 °C vorgeheizten Backofen ca. 20 Minuten goldbraun backen.

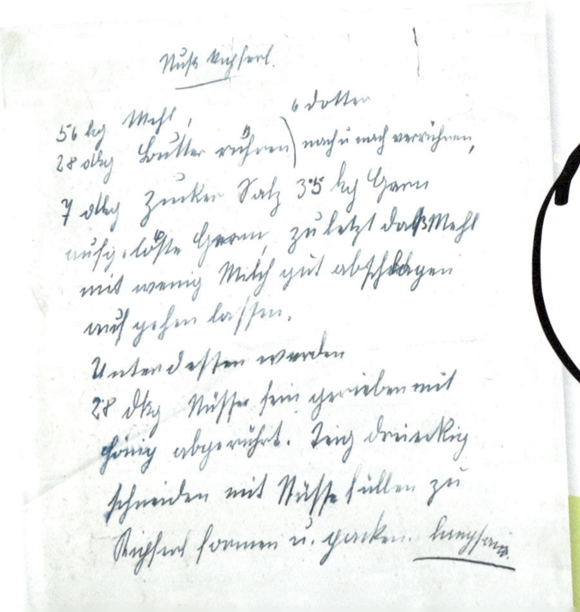

TIPP

Das handgeschriebene Rezept hat Oma im Laufe der Zeit abgewandelt. Sie macht auch manchmal Nusskronen statt Kipferln. Oder sie füllt die Kipferln mit Mohnfülle (Rezept S. 73).

Schaumrollen

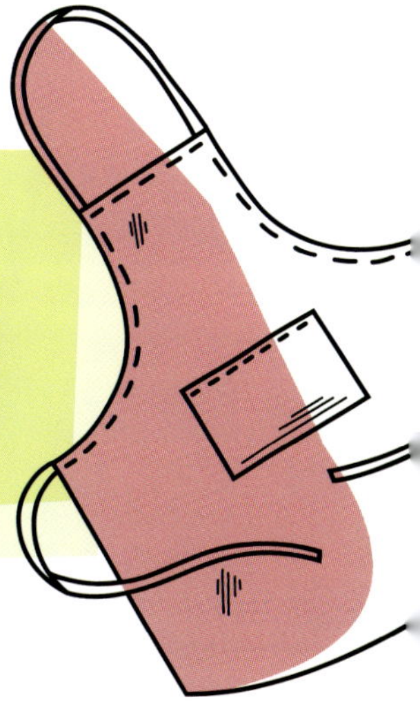

ZUTATEN
Für ca. 12 Stück

Teig
1 P. Blätterteig
2 Eidotter (Eigelbe)
1 EL Milch

Fülle
2 Eiklar (Eiweiße)
100 g Staubzucker

12 Schaumrollenformen

ZUBEREITUNG

1. Den Blätterteig auf einer Arbeitsfläche ausrollen und in ca. 1,5 cm breite Streifen schneiden.
2. Diese Streifen auf Schaumrollformen wickeln und die umwickelten Formen auf ein mit Backpapier ausgelegtes Backblech legen.
3. Die Eidotter mit der Milch verquirlen, den aufgewickelten Teig mit diesem Gemisch bestreichen und bei 180 °C ungefähr 15 Minuten backen, bis die Rollen goldgelb sind.
4. Für die Fülle die Eiklar (Eiweiße) ca. 3 Minuten aufschlagen, dann über Dampf nach und nach den Zucker dazugeben, dabei weiterrühren, bis die Schneemasse dick-zähflüssig ist.
5. Diese Fülle in einen Dressiersack mit Lochtülle füllen und die ausgekühlten Blätterteigrollen damit füllen.

„A Blech håt a jeder!"

TIPP

Die Schaumrollen sind nicht mehr knusprig, wenn man sie länger aufbewahrt. Deshalb erst kurz vor dem Servieren füllen und sofort genießen! Oma füllt die Rollen auch manchmal mit Schlagobers, das sie mit Fruchtmus vermischt.

Trude-Omas VANILLEPUDDING mit Fruchtmus

ZUTATEN
Für 4 Portionen

Pudding
4 Eidotter (Eigelbe)
50 g Zucker
2 EL Speisestärke
400 ml Milch
2 Vanilleschoten

Fruchtmus
ca. 500 g Obst nach Belieben, z. B. Erdbeeren, Marillen (Aprikosen), Zwetschken (Pflaumen) usw.
Zucker nach Belieben

ZUBEREITUNG

1. Die Eidotter mit dem Zucker, der Speisestärke und ein wenig von der Milch mit dem Schneebesen gut und klumpenfrei verrühren.
2. Die restliche Milch in einem Topf erwärmen.
3. Die Vanilleschoten der Länge nach in der Mitte aufschlitzen, das Vanillemark herauskratzen, die Schoten und das Mark in den Topf zur Milch geben und vorsichtig aufkochen lassen. Dann den Topf vom Herd nehmen und die Hitze reduzieren.
4. Die Vanilleschoten herausnehmen, den Topf wieder auf den Herd stellen.
5. Danach das Zucker-Eidotter-Stärke-Gemisch vorsichtig mit dem Schneebesen einrühren und unter ständigem Rühren so lange auf dem niedrig geschalteten Herd lassen, bis der Pudding eingedickt ist (die Masse soll nicht mehr kochen!).
6. Zum Schluss den Pudding in schöne Gläser oder Dessertschalen füllen und abkühlen lassen.
7. Für das Fruchtmus das Obst waschen, putzen (Stiele/Stielansätze/Kerne entfernen) und in Stücke schneiden.
8. Die Obststücke in einem Topf mit ganz wenig Wasser und Zucker nach Geschmack aufkochen lassen, dann das Fruchtmus mit dem Stabmixer pürieren.

“FRÜHA WAR DER PUDDING VIEL BESSER!”

TIPP

Dieser selbst gemachte Pudding wird nicht ganz so fest wie einer mit gekauftem Puddingpulver. Aber gerade das ist das Besondere daran! Wer den Pudding stichfest haben möchte, gibt 1 EL Speisestärke mehr dazu.

Joghurt-
Apfelkuchen

ZUTATEN
Für 1 Springform
(ca. 24 cm Ø)

Joghurtmasse
380 g Mehl
1 P. Backpulver
1 Prise Salz
250 ml Joghurt
2 Eier
200 g Zucker
1 P. Vanillezucker
125 ml Öl

Butter für die Form

Belag
750 g säuerliche Äpfel

ZUBEREITUNG
1. Für den Teig Mehl und Backpulver vermischen und in eine Schüssel sieben, salzen.
2. Das Joghurt dazugeben und mit dem Mehl verrühren, dann nach und nach die Eier, den Zucker, den Vanillezucker und das Öl untermengen und gut verrühren.
3. Die Masse in die befettete Springform füllen.
4. Für den Belag die Äpfel entkernen und in dünne Spalten schneiden.
5. Die Joghurtmasse damit dicht belegen.
6. Anschließend den Kuchen im vorgeheizten Backofen bei 180 °C Ober-/Unterhitze 60 Minuten backen.

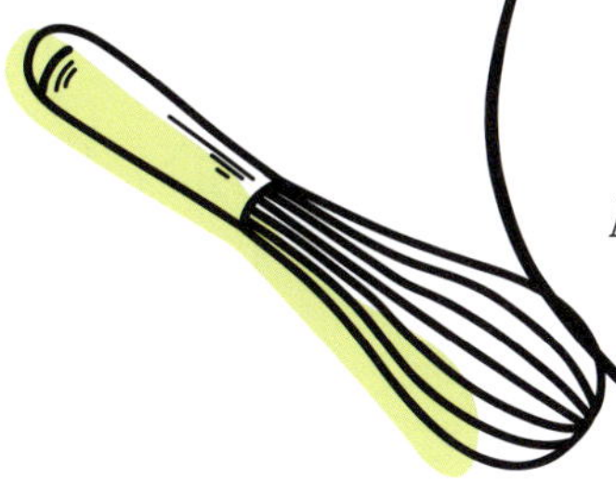

TIPP
Trude-Oma macht den Kuchen meistens mit ungeschälten Äpfeln. Falls gewünscht, kann man die Äpfel aber auch schälen.

Nuss-Rehrücken

ZUTATEN

Für 1 Form (ca. 30 cm lang)

Kuchenmasse
2 große Eier
125 g Zucker
1 P. Vanillezucker
125 g Crème fraîche
125 ml Apfelmus
1 Prise Zimt
200 g geriebene Walnüsse
280 g glattes Mehl
½ P. Backpulver

Öl und Semmelbrösel
für die Form

Glasur
150 g Vollmilchschokolade
1 TL Kokosfett (z. B. Ceres)

Deko
ca. 20 Walnusshälften

ZUBEREITUNG

1. Eier, Zucker und Vanillezucker in eine Schüssel geben und schaumig rühren, Crème fraîche, Apfelmus und Zimt zugeben und alles glatt verrühren.
2. Walnüsse mit Mehl und Backpulver vermischen, dann unter die Eiermischung heben (Achtung: nicht zu lange rühren, nur bis alle Zutaten gut vermischt sind!).
3. Die Masse in die mit Öl ausgestrichene und mit Semmelbröseln ausgestreute Form füllen, den Kuchen im vorgeheizten Backofen bei 180 °C (Ober-/Unterhitze) auf mittlerer Schiene etwa 40 Minuten backen.
4. Den fertigen Kuchen herausnehmen, vollständig auskühlen lassen und dann stürzen.
5. Für die Glasur die Schokolade über einem Wasserbad mit dem Kokosfett schmelzen und den Nussrücken damit überziehen, mit Nusshälften verzieren.

„Wia da Ofen, so die Köchin …“

Foto © Alexander Stiegler

Ruck-Zuck-
KOKOSTORTE
mit Schokoladenglasur

ZUTATEN
Für 1 Springform (24 cm Ø)

Tortenboden
5 Eier
6 EL Milch
150 g Zucker
150 g Butter
70 g Schokolade
70 g Kokosflocken
100 g glattes Mehl
1 Prise Salz
1 P. Vanillezucker
½ P. Backpulver

Butter und Mehl für die Form
ca. 300 g Orangenmarmelade zum Füllen und Bestreichen
1 Schuss Rum

Schokoladenglasur
200 g Kochschokoklade
50 g Butter
1 TL Kokosfett

beliebiges Zuckerdekor zum Verzieren

ZUBEREITUNG
1. Die Eier trennen, die Eiklar (Eiweiße) zu steifem Schnee schlagen, Eidotter (Eigelbe) mit der Milch, dem Zucker und der Butter sehr schaumig rühren.
2. Die Schokolade reiben und mit den übrigen Zutaten für den Tortenboden vermengen.
3. Diese Mischung abwechselnd mit dem Eischnee nach und nach zur Eiermasse zufügen und unterheben.
4. Die Masse in die befettete und bemehlte Springform füllen und im auf 180 °C vorgeheizten Backofen auf mittlerer Schiene etwa 50 Minuten backen (Stäbchenprobe machen!), aus dem Ofen nehmen und auskühlen lassen.
5. Die ausgekühlte Torte aus der Springform nehmen und zweimal durchschneiden.
6. Die Marmelade mit einem Schuss Rum verrühren und leicht erwärmen, mit 200 g davon den unteren und den mittleren Tortenboden bestreichen.
7. Danach die Torte wieder zusammensetzen und außen mit dem Rest der Marmelade bestreichen.
8. Die Torte mit der über einem Wasserbad geschmolzenen Schokoladenglasur glasieren.
9. Nach Belieben mit Zuckerdekor verzieren.

Joghurt-Bechergugelhupf

ZUTATEN
Für 1 Gugelhupfform

200 g Butter
1 Becher* Zucker
4 Eier
1 Prise Salz
1 Becher Joghurt
1 Becher Mehl
1 TL Backpulver
1 Handvoll Rosinen

Staubzucker zum Bestreuen

* 1 Becher = 250 ml

ZUBEREITUNG

1. Butter, Zucker, Eier und Salz sehr schaumig rühren, danach langsam das Jogurt hinzugeben und unterrühren.
2. Zum Schluss das mit dem Backpulver versiebte Mehl sowie die Rosinen unterheben.
3. Den Teig in eine befettete Gugelhupfform füllen und im auf 180 °C Ober-/Unterhitze vorgeheizten Backofen 60 Minuten backen.
4. Den Gugelhupf stürzen und auskühlen lassen, mit Staubzucker bestreut servieren.

„TUA MA NET REIN-PFUSCHEN!"

TIPP

Nach Belieben kann der Kuchen auch mit Zitronen- oder Schokoladenglasur (Rezepte siehe S. 81 bzw. 93) glasiert werden.

Foto © Alexander Stiegler

Topfen-HIMBEERKNÖDEL

ZUTATEN

Für 4 Portionen (als süße Hauptspeise)

Teig
120 g weiche Butter
50 g Zucker
1 Prise Salz
2 Eier (sollen Zimmertemperatur haben)
250 g Magertopfen
abgeriebene Schale von 1 Bio-Zitrone
150 g Grieß

30 g Grieß zum Wälzen
2 EL Kristallzucker und 2 EL Rum für das Kochwasser

Fülle
150 g Himbeeren
Zucker nach persönlichem Geschmack

Brösel
120 g Semmelbrösel
30 g Kristallzucker
30 g Butter
1 P. Vanillezucker
1 Prise Zimt

ZUBEREITUNG

1. Für den Teig die Butter, den Zucker und das Salz mit dem Handmixer etwa 6 Minuten cremig aufschlagen, die Eier nacheinander sorgfältig unterrühren.
2. Topfen und Zitronenabrieb sowie den Grieß sorgfältig unterrühren und die Masse etwa 30 Minuten im Kühlschrank rasten lassen.
3. Den Topfenteig in 12 Portionen teilen, jedes Teigstück mit etwa 3 Himbeeren belegen, nach Wunsch etwas Zucker darüberstreuen und mit nassen Händen zu Knödeln formen.
4. Den Grieß auf einen flachen Teller geben und die Knödel darin wälzen.
5. Reichlich Wasser mit Zucker und Rum aufkochen, die Knödel einlegen und bei geringer Hitze etwa 10 Minuten ziehen lassen.
6. Für die Brösel alle Zutaten in eine Pfanne geben und etwa 5 Minuten rösten.
7. Die Knödel mit einem Siebschöpfer herausheben, in den Bröseln wälzen und heiß servieren.

TIPP

Natürlich macht meine Oma auch gerne Marillenknödel, die wir ebenfalls sehr gern essen! Diese macht sie mit Erdäpfelteig (siehe Rezept S. 32).

Selbst gemachter EIERLIKÖR

ZUTATEN
Für ca. 1 Liter

8 Eidotter
250 ml Obers
100 ml Milch
250 g Feinkristallzucker
2 P. Bourbon-Vanillezucker
140 ml hochprozentiger, geschmacksneutraler Schnaps (z. B. Korn 80 %)
80 ml Rum (60 %)

ZUBEREITUNG

1. Die Eidotter mit dem Handmixer ca. 8–10 Minuten sehr schaumig schlagen.
2. Obers und Milch, Zucker, Vanillezucker, Korn und Rum nach und nach vorsichtig untermischen.
3. Diese Mischung nun über einem heißen Wasserbad so lange weiterschlagen, bis die Masse cremig ist (Achtung: nicht zu heiß, das Wasser darf nicht kochen, sonst stockt das Ei!).
4. Den fertigen Eierlikör in sterilisierte, gut verschließbare Flaschen einfüllen und im Kühlschrank aufbewahren (hält einige Wochen).

Eierlikör-Schoko-GUGELHUPF

ZUTATEN
Für 1 grosse Gugelhupfform

6 Eier
280 g Staubzucker
1 Prise Salz
1 P. Vanillezucker
280 ml Sonnenblumenöl
300 ml Eierlikör
1 P. Backpulver
300 g glattes Mehl
150 g Kochschokolade

ZUBEREITUNG

1. Die Eier mit Zucker, Salz und Vanillezucker sehr gut schaumig mixen, Öl und Likör langsam beifügen und untermixen.
2. Das mit Backpulver versiebte Mehl sowie die gehackte Schokolade unterheben und die Masse in eine gut befettete und bemehlte Gugelhupfform füllen.
3. Im auf 185 °C Ober-/Unterhitze vorgeheizten Backofen auf mittlerer Schiene ca. 70 Minuten backen (Nadelprobe machen!).
4. Nach dem Auskühlen stürzen und mit Staubzucker oder Zimtzucker bestreuen.

TIPP

Mit Trude-Omas selbst gemachtem Eierlikör schmeckt der Gugelhupf gleich noch einmal so gut!

TIPP

Köstlicher Punsch aus Eierlikör: 125 ml Obers (Sahne) mit 250 ml Eierlikör und 3 EL Rum vermischen. 500 ml Milch mit 1 Prise Zimt aufkochen, dann abkühlen lassen. Eierlikörgemisch mit der Zimtmilch verrühren und in Gläser füllen, mit Schlagobers und Trockenfrüchten garnieren.

Foto © Alexander Stiegler

Lebkuchen

ZUTATEN
Für 1 Backblech

Teig
300 g Roggenmehl
1 gestrichenen TL Natron
120 g Zucker
10 g Lebkuchengewürz
abgeriebene Schale von
½ Bio-Zitrone
100 g Honig
2 Eier

Fülle
250 g Ribiselmarmelade
(Johannisbeermarmelade)
50 g Rosinen
50 g Aranzini (Orangeat)
50 g Zitronat
50 g Nüsse

Schokoladenglasur (Rezept S. 81) zum Verzieren

ZUBEREITUNG

1. Für den Teig die trockenen Zutaten in einer Schüssel vermengen. Danach Honig und Eier zufügen und verkneten.
2. Für die Fülle alle Zutaten gut vermischen.
3. Den Teig 30 Minuten rasten lassen. Anschließend die Hälfte des Teiges ausrollen und auf das befettete Blech legen, mit der Fülle bestreichen.
4. Die zweite Teighälfte darauflegen und im auf 180 °C Ober-/Unterhitze vorgeheizten Backofen 25–30 Minuten backen.
5. Den fertigen Lebkuchen noch lauwarm in Rauten oder Rechtecke schneiden.
6. Nach Belieben mit Schokoladenglasur verzieren.

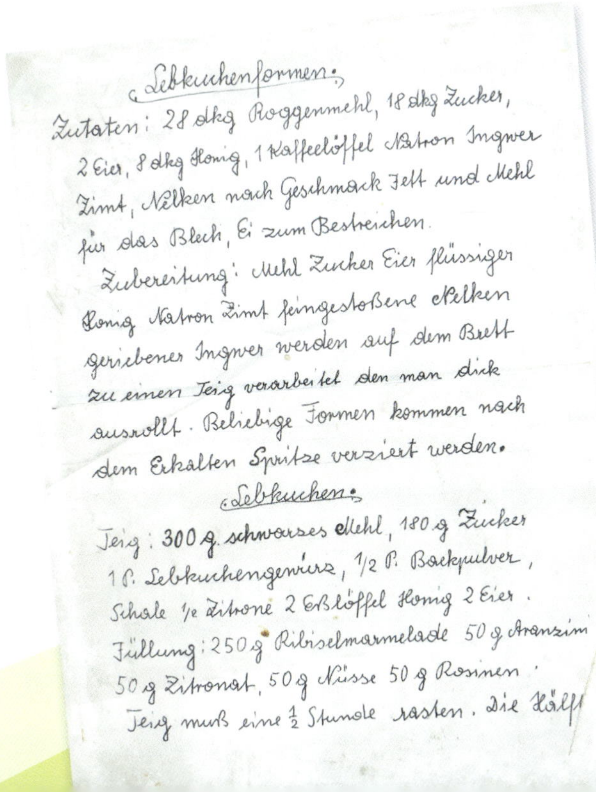
Lebkuchenformen:
Zutaten: 28 dkg Roggenmehl, 18 dkg Zucker, 2 Eier, 8 dkg Honig, 1 Kaffeelöffel Natron Ingwer Zimt, Nelken nach Geschmack Fett und Mehl für das Blech, Ei zum Bestreichen.
Zubereitung: Mehl Zucker Eier flüssiger Honig Natron Zimt feingestoßene Nelken geriebener Ingwer werden auf dem Brett zu einen Teig verarbeitet den man dick ausrollt. Beliebige Formen kommen nach dem Erkalten Spritze verziert werden.
Lebkuchen:
Teig: 300 g. schwarzes Mehl, 180 g Zucker 1 P. Lebkuchengewürz, 1/2 P. Backpulver, Schale 1/2 Zitrone 2 Eßlöffel Honig 2 Eier.
Füllung: 250 g Ribiselmarmelade 50 g Aranzini 50 g Zitronat, 50 g Nüsse 50 g Rosinen.
Teig muß eine ½ Stunde rasten. Die Hälft

Kletzenbrot

ZUTATEN

Für 1 großen oder 3 kleine Wecken

Früchtemischung
250 g Kletzen (gedörrte Birnen)
250 g Dörrzwetschken (gedörrte Pflaumen)
250 g getrocknete Feigen
100 g Rosinen
60 g Haselnüsse
70 g Walnüsse
1 Schuss Rum oder Schnaps
etwas Anis
1 EL Zimt
abgerieben Schale von je ½ Bio-Orange und Bio-Zitrone

Germteig
250 g Roggenmehl
250 g Weizenmehl
1 Würfel (42 g) Germ (Hefe)
1 Prise Salz
Kochsud nach Bedarf

1 Ei zum Bestreichen
geschälte Mandeln zum Verzieren

ZUBEREITUNG

1. Für die Früchtemischung die Kletzen und Dörrzwetschken kurz überkochen, dann abseihen (den Kochsud beiseitestellen).
2. Danach alle Früchte und Nüsse grob hacken und mit Rum oder Schnaps vermischen.
3. Anis, Zimt sowie geriebene Orangen- und Zitronenschalen zum Früchteansatz dazugeben, gut vermischen und 12 Stunden ziehen lassen.
4. Für den Teig beide Mehlsorten in eine Schüssel geben, eine Mulde machen, etwas vom Kochsud hineingießen und die Germ hineinbröseln, das Dampfl (Vorteig) ca. 30 Minuten gehen lassen.
5. Danach salzen und nach und nach etwas Kochsud hinzufügen, gut verkneten (Achtung, nicht zu viel Kochsud nehmen, der Germteig sollte eher fest sein!).
6. Den Teig etwa 15 Minuten gehen lassen, danach die Früchtemischung zugeben und unterkneten.
7. Wecken formen und auf dem Backblech bei Zimmertemperatur 2–3 Stunden zugedeckt gehen lassen.
8. Anschließend mit dem verquirlten Ei bestreichen und mit Mandeln verzieren.
9. Das Kletzenbrot im vorgeheizten Backofen bei 175 °C Ober-/Unterhitze rund 60 Minuten backen.

„FRÜHA IS ZU WEIHNACHTN NET NUR UM G'SCHENKE GÅNGEN."

Foto © Alexander Stiegler

Aus unserem Programm

ISBN 978-3-7020-1862-7

ISBN 978-3-7020-1721-7

ISBN 978-3-7020-1473-5

ISBN 978-3-7020-1411-7

Leopold Stocker Verlag

Graz – Stuttgart

www.stocker-verlag.com